新・生産性立国論

デービッド・アトキンソン

人口減少で「経済の常識」が根本から変わった

東洋経済新報社

はじめに　人口減少はすべてを変える

日本がすでに人口減少のフェーズに入ってしまったことは、皆さんもご存じかと思います。今後40余年をかけて、日本では15～64歳の生産年齢人口が約半数に激減します。これは他の先進国のどこも経験したことのない、未知の世界に日本が突き進んでいることを意味します。

そもそも、戦後日本の目覚ましい経済発展の最大の要因は、人口が激増したことです。日本経済はいまだに、この「人口の増加」を「経済の大前提」「社会の常識」としています。しかし、その大前提が今、突き崩されようとしているのです。

その影響は甚大です。２０１５年から２０６０年にかけて、日本の生産年齢人口は約３２６４万人減少します。これは世界第5位のＧＤＰを誇る英国の２０１７年末の就業者数（約３２２１万人、英国政府統計局）をも上回る、とてつもない規模なのです。

人口が減少しても、ロボットやＡＩを活用したり、移民を受け入れたりすれば何とかなると主張する人がいます。しかし、この主張は明らかに日本の人口減少問題の深刻さを過小評価しています。

人口減少によって、今までの常識はすべて覆されます。人口激増が可能にした寛容な社会も、曖昧な制度も、日本的資本主義も、すべて根底から崩れ去ります。経済の常識も、企業と労働者の関係も、政治のあり方も、これまでとはまったく異なるものになるでしょう。

かつて、これからの日本と同等の「人口減少」を経験した地域があった

私がここまで自信をもって日本社会が激変すると断言するのは、確固たる根拠があるからです。

実は人類の歴史上、これからの日本と同じように比較的短い期間に人口が激減し、その結果、社会がガラッと様変わりしてしまった先例があります。それは1348年以降、欧州で起きた黒死病、ペスト大流行の時代です。ペストが流行した後、30年ほどで欧州では人口の約半数が亡くなりました。その結果、欧州の社会は激変し、社会制度が根っこから崩壊しました。

650年以上も前のこととはいえ、この例は日本の未来を占う上で、きわめて多くの示唆に富んでいます。何が起きたかを研究すると、今の日本の情勢と重なることが実にたくさんあることがわかります。

人口への影響――これからの日本と同等の減少

ペストの流行はただの一度ではなく、１００年以上にわたり何度も発生し、多くの死者を出し、欧州の人口を大きく減らしました。英国では１３４８年から１４８５年にかけて、30回のペストの流行が発生し、人口がペスト発生前の約半分になったと分析されています。

特に、お年寄りより若い人、お金持ちより低所得者、女性より男性に犠牲者が多かったのも、これからの日本が迎える状況とかなり重なっています。

経済への影響――主力産業が「質的変化」

当時の主力産業といえば農業ですが、その農業も人口が減ったことで質的変化を余儀なくされました。

労働者が激減したことで農業を営める人が減り、放置される農地が増えました。働き手が足りないので、人手がかかる穀物の栽培から、それほど人手を必要としない畜産に移行する動きが活発になりました。それにともない、肉食が増えて、欧州では食文化までもが激変しました。

畜産は穀物より付加価値が高いだけではなく、人間１人と犬がいればできるので、生産性が劇的に向上しました。他にも、穀物の代わりに、葡萄《ぶどう》、野菜、果物、麻など、付加価値の高い作物の生産が増加しました。

農業以外でも大きな変化が起こりました。需要者が減少したため、価格を下げても多くの商品やサービスが売れなくなったのです。当然、多くの業者が倒産し、生産量が調整されるまでデフレが起きました。

今の政府は、人口減少によって需給のバランスが崩れたこと、特に需要が構造的に減少していることの意義を十分に理解していないことは明らかです。アベノミクスの最大の欠点が、ここにあります。

資本家は大打撃を受けた

人口減少の結果、資本家（領主）は大打撃を受けました。ペストが起きる前は、労働者の供給が過剰だったため、労働者は立場が弱く、資本家に服従するしかありませんでした。献身的に一所懸命働く一方、何かを要求するわけでもなく、耐え忍んでいました。何か、今の日本人の労働者に似ていないでしょうか。

しかし、ペスト流行の後、農業を営む人間が足りなくなってからは立場が逆転し、彼らの性質も様変わりしました。

この時代から自営の農家が誕生します。耕す人が少なくなったため、地主は農地を貸すようになり、固定の地代をもらうだけになりました。農家の努力によって増えた利益は、農家自身のものになったため、地主である貴族の収入は減りました。1347年から1353年までの間だけでも、英国貴族の収入は2割減ったと言われています。封建制度が崩れ、民主主義が始まった時代ともされています。

「労働者の黄金時代」の到来

資本家の苦境とは対照的に、労働力不足になったため、労働者の労働条件は劇的に改善しました。

それをもっとも顕著に示しているのが、収入の増加です。人が減っても社会資本は減らないので、人々の可処分所得は劇的に増えました。人口が減りだしてから最初の10年だけを見ても、男性労働者の年収は1・8倍に増え、40年後には2・1倍に上昇しました。女性も1・8倍と2・5倍に上昇しました。

しかし、物価は安定していました。所得が増えたにもかかわらず、インフレが起きなかったのです（図表1）。それは、需要が変化したからです。付加価値の高いものやサービスが売れるようになり、以前は贅沢品だったものが普通に買えるくらい、大幅に生活水準が上がりました。この時代は「労働者の黄金時代」とも言われています。

ここには、今後の日本経済を理解するための、もっとも重要な示唆が含まれています。

図表**1**　ペスト流行後、賃金は激増したが物価は上がらなかった

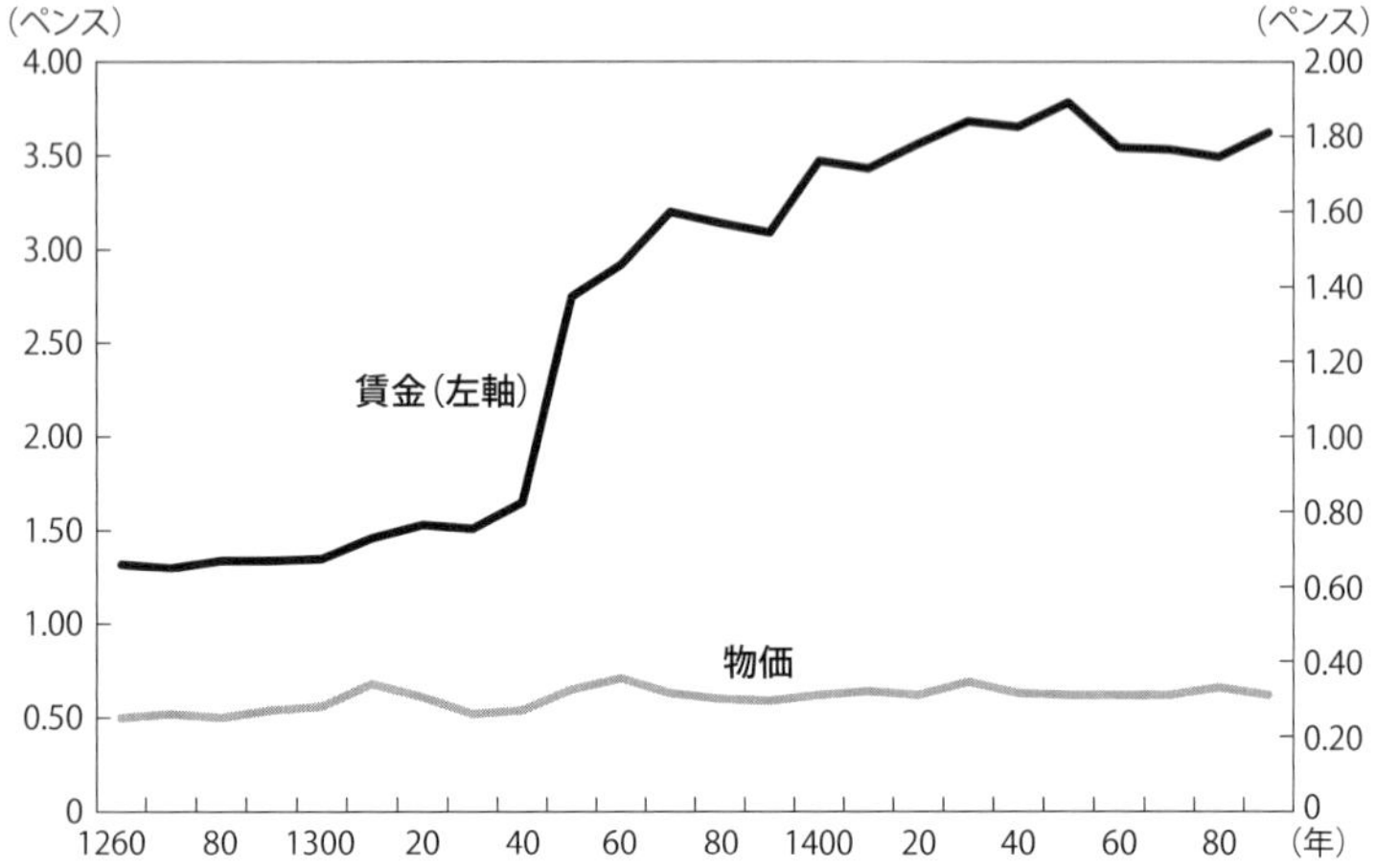

（出所）オックスフォード大学の調査より筆者作成

ポイントは「生産性の向上」

ここでのポイントは、人口減少に直面した欧州の人々が、働き方を変え、産業構造を変え、資本家と労働者の関係まで変わるほど、必死で「生産性」を向上させてきたことです。もしも彼らが変化を恐れ、それまでどおりの働き方に固執していたら、その後の繁栄がなかったことは明らかです。

人口減少時代に必要なのは、変化を受け入れ、むしろ変化を楽しみながら「生産性」を持続的に向上させていくことです。経済の大前提が崩れ去った時代には、変化を恐れる姿勢は「座して死を待つ」以外の何物でもありません。

本書では、人口減少によって日本がどのように変化していかなければならないのか、

どのような変化が予想されるのかを分析していきたいと思います。

労働者の質が高い日本なら人口減少に勝てる

一国の経済の規模は、「人口×1人あたりの生産性」というきわめて単純な計算式で表すことができます。これから人口が減る日本では、生産性を継続的に大きく改善させていかないと経済規模が縮小します。ＧＤＰが減っても、国の借金と年金・医療の負担は減らないので、生産性を高めないという選択肢は日本にはありません。

「そんなに簡単に生産性を高めることなどできない」と思われる方もいるかもしれません。しかし日本の生産性は、「異常」とも言えるほどに低いので、改善できる余地はきわめて大きく残されています。

国連などのさまざまな調査で、日本の労働者の質は世界最高レベルと太鼓判が押されています。しかし、日本の生産性は先進国最低レベルです。これは、日本の経営者が奇跡的に無能であるということを意味しています。

この最高の労働者を活用し、経済合理性を徹底的に追求して生産性を上げれば、人口減少を逆に武器にして、日本経済を復活させることが可能です。

生産性を向上させることによって、日本の労働者は豊かになり、ワーキングプアは消え、貧困に窮している子供たちが救われ、日本社会全体が幸せになります。

日本ではたとえ正論であっても、理屈が通らないことが多いのは事実です。しかし、変えざるをえなくなると、一気に変われるのが日本です。日本人は「事前対応」は苦手ですが、「事後対応」は世界一得意だからです。

好むと好まざるとにかかわらず、人口減少は日本に劇的な変化をもたらします。それによって、世界が驚嘆するような生産性向上を実現するか、変化を恐れて衰退するか。すべてを決めるのは、日本人の覚悟です。

もう一度、日本経済が世界の注目を浴びる日が来ることを鶴首しております。

デービッド・アトキンソン　新・生産性立国論〔目次〕

第1章　人口減少は「生産性」向上でしか補えない

第2章

「生産性」を正しく理解し、目標を立てよう

第3章 「高品質・低価格」という妄想が日本を滅ぼす：改革のポイント1

第4章

「女性」をどうにかしないと生産性は上がらない：改革のポイント2

第5章

奇跡的に「無能」な日本の経営者たち：改革のポイント3

第6章

国がとるべき「3つの生産性向上策」

第7章 企業が生産性を上げるための「5つのドライバー」と「12のステップ」

第1章

人口減少は「生産性」向上でしか補えない

この本は私の9冊目の本です。

これまで本を出すたびに、さまざまなご意見をいただいてきました。中には批判的なご意見も少なくなく、「反日」「恣意的な分析」「詐欺師」など、大変厳しい意見もありました。私の会社には「ヘイトメール」と呼ぶのにふさわしいくらい、攻撃的なメールが届くこともありました。

人それぞれいろいろな意見があり、私の考えに賛同できない方もいらっしゃることは重々承知しています。しかし、届けられる意見のあまりの辛辣さと経済に対する極端な誤解に、驚きの念を隠せないというのが本音です。特に、50代以上の方からの厳しい意見が多いことが気になっています。

そこで、本書を読まれる方に、最初にお断りをしておきたいと思います。

私は以前、ゴールドマン・サックスでアナリストの仕事をしていました。その当時は、たしかに経済や国の政策がどう動くかと、私の仕事には密接なかかわりがありました。予想どおりに経済や政策が動けば、私の顧客や会社、そして私自身にとってもプラスだったのは事実です。

しかし今、私は日本で国宝や重要文化財を修理する会社の社長をしています。経済からはもっとも遠い世界です。金融の世界からは引退しているので、日本経済がよくなっても悪くなっても、私自身にはほとんど関係ありません。

私は英国生まれの英国人です。日本生まれの日本人ではありません。それでも今、日本に暮らしているのは、私自身がそうしたいと思い、そうすることを選んだからに他なりません。自分の国を離れて、日本に住むことを選んだ。この事実は、私がある意味、日本人以上に日本という国に対して好意的な感情を抱いていることのあらわれです。

しかも私が英国を離れなくてはいけない特段の理由はありません。ご存じのように英国は日本と同じ先進国で、途上国ではありません。ですので、日本が先進国だということが、私にとって魅力的に映ったわけではありません。

学歴やこれまでの仕事のキャリアもあるので、英国で暮らし続けるのになんの支障もありません。逆に日本で働いたからといって、より高い給料がもらえるわけでもありません。むしろ、英国に住んでいたほうが、日本にいるより豊かな生活ができるくらいです。

もちろん、英国では差別を受けて嫌な思いをすることも一切ありません。

つまり、私が母国英国を離れて、日本に住まなくてはいけない外的な理由は何ひとつないのです。それでもなお、私が日本で暮らすことを選んだ理由は、日本が好きだから、それ以外にはありません。

これまで私が本の中で日本に対して述べてきた提言の中には、今の日本に対して批判的に聞こえる内容も含まれています。しかし私としては「批判」をしたつもりなどなく、客観的な事実を冷静に述べたにすぎないと思っています。いずれも、日本経済がよくなってほしいと思ったからこその提言です。

だから、私の本を読まれた方から「反日」などといわれもない批判的な言葉を投げかけられても、困惑するしかないのです。

変化を嫌うのは「反日的」態度だ

これまでいただいた批判的な意見の中には、私がさまざまなデータを用い、日本の実力を客観的に分析し評価していること、そしてその評価が高くないことに腹を立てていると思われるものが少なくありません。

自分の国のことを厳しく評価されると面白くないのは、わからないでもありません。時には暴言を吐きたい気になるのも、百歩譲って理解できます。

しかし、自分の考えや感覚にそぐわないからといって、客観的な事実から目を背ける態度そのものが、実はこれから人口が大きく減る日本の足をすくう「反日的な行為」なのです。

本書でも詳しく説明しますが、今の日本は大変な危機に直面しています。さまざまな面で変革していかなくては、手遅れになってしまいかねないのが実情です。

そんな危機的な状況にあるのに、現状を正しく、客観的に見ようとしない。あるいは「日本は特別だから、西洋の現実主義は関係ない」などと言って改革を拒否する人がたくさんいます。

このような人たちの声に従っていると、今、日本がやらなくてはいけない改革が阻害され、経済がどんどんダメになってしまいます。

日本をそんな状態に追い込みかねない彼らこそ、真の反日なのです。

「日本は特別」という幻想を捨てよう

これからの時代、日本は戦後の恵まれていた時代に生まれた神話を忘れ、現実を見ることがきわめて重要です。

日本経済が大きく成長していた時代には、他の国にはあまり見られない、日本および日本企業の経営の特異性（ユニークさ）が注目され、それらが日本経済の発展の秘密だと評価されていました。

終身雇用や短期的な利益をあまり気にしない日本的経営、手先の器用さからくる技術力の高さ、国民の勤勉性などが成功要因として取り上げられていました。

しかし私は、日本が成し遂げた戦後の大きな成長は、人口の激増とそれにともなう内需の拡大が主要因だったと分析しています。たとえば日本では昭和30年から昭和40年のたった10年の間に、労働者が１０００万人から２１００万人まで増えました。だからこそ、日本は高度成長を果たしたのです。

当の日本人も忘れてしまっている人が多いようですが、そもそも、戦前、日本はすでに世界有数の先進国でした。そんな国で人口が激増したのですから、経済が急成長しても何の不思議もありません。

特別だったのは「日本」ではなく、日本が経験した「人口激増の規模」だったのです。

日本が経済大国なのは「人口大国」だから

日本人が勤勉なことや、高い技術力があることは先進国になるための必須条件なので、あって当たり前。高度成長の秘密として大々的に取り上げるべき主因ではありません。

一方、日本がＧＤＰで世界第3位の経済大国になっている主な要因として決して忘れてはいけないのが、人口の多さです。今、日本の人口は１億２７００万人ほどですが、これは世界第11位です。人口が1億人を超えている国は、世界にたったの13カ国しかありません（ちなみに国

図表1-1　G7各国の人口、1人あたり名目GDP、名目GDP（2016年）

国名	人口（千人）	1人あたり名目GDP（米ドル）	名目GDP（百万米ドル）
米国	324,459	57,231	18,569,100
日本	**127,484**	**38,739**	**4,938,644**
ドイツ	82,114	42,217	3,466,639
英国	66,182	39,727	2,629,188
フランス	64,980	37,908	2,463,222
イタリア	59,360	31,178	1,850,735
カナダ	36,624	41,754	1,529,224

（出所）IMF、国連のデータより筆者作成

連加盟国は193カ国です）。

つまり、日本は世界に13カ国しかない、1億人以上の人口を持つ人口大国なのです。実際、先進国の中で1億人以上の人口がいるのは、米国と日本の2カ国しかありません。

もちろん、人口さえ多ければ経済規模が大きくなるというわけではありません。しかし、人口に加えて技術もあれば、その国は世界トップクラスの経済大国となります。少なくとも先進国の中では、人口の多寡で経済規模の大きさをほぼ完全に説明することができます（図表1－1）。

つまり、日本経済が大きく成長していた時代に注目されていた、日本および日本企業の特異性は、あくまでも経済成長の補完的な要素であって、主要因ではなかったのです。それどころか、日本および日本企業の特異性、そして「日本型資本主義」は、実

は本来達成されるはずだった経済成長にマイナスに作用しました。人口が増えていたので、その悪影響は成長率を抑えただけにとどまり、人口増加が止まるまでは表面化しなかったのです。

冷静に分析すれば、日本と日本企業の特異性が戦後、日本経済を復活させた主要因ではないことはすぐにわかります。日本の素晴らしい戦後の実績は、ごく普通の経済学の理屈をもって説明することができます。

しかし、どうしても日本および日本企業の特異性を主要因にしたがる人が、なぜか多いのです。この根拠に乏しい考え方こそが、今、日本が直面している問題の分析を遅らせ、対策を打てなくしている最大の足枷《あしかせ》なのです。

物事を変えていくためには、まずは現状の正しい認識が不可欠です。そのためには、客観的な分析が必要なのは言うまでもありません。

日本や日本企業が特異だから、日本経済が戦後急速な発展を遂げたのではなく、他の国にも共通する、ごく普通の理由によって日本経済が成長したという前提に立てば、日本も他の先進国と同じように、普通の方策で改革できます。

長年、「日本は特別だ」「日本的経営や日本型資本主義が経済発展の秘密だ」と聞かされて育ってきた人たちは、おそらく日本の特異性にプライドを持っています。それだけに、「日本も他

図表**1–2**　1990〜2014年の生産性向上率ランキング（主要国のみ）

国名	生産性向上率（%）	順位
中国	11.45	2
インド	6.91	9
韓国	5.90	17
マレーシア	5.71	21
シンガポール	5.64	23
アイルランド	5.59	24
ノルウェー	5.48	28
香港	4.91	41
ルクセンブルク	4.78	45
ロシア	4.49	56
オーストラリア	4.14	67
オランダ	4.01	72
スペイン	3.82	82
オーストリア	3.80	85
ドイツ	3.78	86
デンマーク	3.76	89
英国	3.54	94
米国	3.49	97
ベルギー	3.49	98
スウェーデン	3.45	103
スイス	3.39	107
ギリシャ	2.99	115
イタリア	2.80	123
日本	**2.72**	**126**
世界	4.34	
先進国	3.65	

（出所）世界銀行の1人あたりGDP（購買力平価）データより筆者作成

の先進国と同じ」「特異性が経済発展の主因ではない」という意見は受け入れがたいのでしょう。しかし、経済においては「日本も普通の国」であり、「経済に国籍はない」のは紛れもない事実で、議論の余地はありません。「日本は特別だから普通の経済合理性はあてはまらない」という考え方があったからこそ、普通の国では考えられない「失われた25年間」があったのです。実際、世界銀行のデータによると、1990年から2014年までの日本の生産性向上率は世界156カ国中第126位でした。先進国では最低で、アフリカ諸国並みの低さです（図表1－2）。

「事実」を重視すれば日本経済は甦る

ここからは、このままいくと人口減少によって日本経済がどれほど大変な事態を迎えることになるかを考えていきます。同時に、なぜこれまでのやり方では日本経済が大変なことになるか、なぜ変えていかなくてはいけないかというポイントについても見ていきましょう。

私は、長年金融機関のアナリストとして活動し、その後、経営者として日本の国宝や重要文化財を修理する会社の経営にあたっています。一方で、国の観光戦略の立案にも、さまざまな委員会などを通じて携わってきました。

これらの経験を通じてわかったのは、日本人はどちらかといえば「分析よりも感覚的に物事をとらえたり、自分の経験で考えたりする傾向が強い」ということです。キャッチフレーズを多用して物事を考えることが多いのも、そのあらわれです。

たとえば、「モノ消費からコト消費」「量より質の時代」「選択と集中」「日本がリードをする第４次産業革命」などという感覚的で抽象的なフレーズを多用し、それらをつなぎ合わせた議論が展開されるのを、皆さんも会社の会議や経営者の話の中で耳にしたことがあるはずです。

もちろん一般の方々がこれらの感覚的で抽象的なフレーズを使って議論する分には、それでもいいのかもしれません。しかし、高名な学者や、一流企業の経営者が参加する政府の委員会でも同じ傾向が見られるのには驚かされます。

また、話題になった書籍の中にも、きわめて限られた成功例を一般化している例や、まったく根拠のない、人伝えで聞いた程度の話を論拠に議論が展開されている例を数多く見かけます。

バブル崩壊後、不良債権処理が大きな問題になっていたときでさえ、不良債権が実際にどれくらいあるかを正確に把握した統計データは最後まで開示されることなく、感覚で物事が考えられていました。その結果、対策が遅れ、必要以上に損失が膨らみました。

政府の観光戦略に携わり始めた初期のころ、日本を訪れる訪日外国人のことを十把一からげに「外国人」と扱っている議論を聞いて、驚愕したことがあります。

「訪日外国人客を4000万人に増やす」といっても、どこの国の人を何人増やしたいのか。どのくらいの年齢層で、いくらくらいの所得の人なのか。そもそも、男性なのか女性なのか。マーケティングを少しでもかじったことのある人にとってはきわめて初歩的な属性別の分析すらなく、まさに感覚に頼った抽象的な議論が延々と繰り返されていたのを、今でも鮮明に思い出します。

このような根拠のない、感覚に頼った議論を繰り返した結果、安倍政権になるまでは、外国人観光客の観光動機にならない「おもてなし」や「手先が器用」「交通機関が時間に正確」「無料で清潔な公衆トイレ」などを前面にして発信するなど、とんちんかんな戦略が打ち出されていました。当の訪日外国人がどう感じているのかすら確認せずに、勝手に決めつけた方策を、自分よがりで繰り返していたのです。

その後、観光戦略を取り巻く状況は大きく変わりました。今では現実を見てデータ分析を徹底し、計画的かつ戦略的に的確な政策を実行するようになり、根拠がないがゆえに実績が上がらない精神論は一掃されました。

その結果、訪日外国人の数はうなぎ登りに増加し、日本が世界でも有数の観光大国になりつつあるのは、皆さんもご存じのとおりです。妄想をやめて、現実を見る。そして、やるべきことを的確にやる。それだけで、日本本来のパワーが発揮されることを示すよい例です。

人口問題はすべて「数字」で語れる

物事を感覚的にとらえ、妄想を信じ、キャッチフレーズで考える傾向は、人口減少の議論でもよく耳にします。たとえば、以下のような発言が代表例です。

「経済は人口とは関係ない、重要なのは技術とイノベーションだ」
「人口が減るなら、移民を迎えるべきだ」
「ＡＩとロボットで、日本は世界を制覇する」
「日本は新しい経済モデルを世界に示す」

皆さんもご存じのとおり、経済学は簡単ではありません。特に将来の予想は、世の中のありとあらゆる事柄が関係してくるので、変数がものすごく多くなり、その道のプロであるエコノミストでも予想はなかなか当たりません。
人口減少問題も同様に、きわめて複雑な要素がいくつも絡んでいるので、素人には実態がよくわかりません。なので、ごまかそうと思えばいくらでもごまかしが可能です。

このように複雑な問題をシンプルにし、ごまかしが効かないようにするため、経済学では「ceteris paribus分析」という方法を使うことがあります。これは感覚的にしかとらえられていない事柄を数字に置き換え、各変数の変化や影響の規模を明確にするためによく使われる分析方法です。

ceteris paribusはもともとラテン語で、「他の条件が同じならば」という意味です。つまり、その他の条件をすべて固定して、2つの変数だけに注目し、その関係を測るときに使うのがceteris paribus分析です。

もちろん、現実の世界では2つの変数以外、まったく不変のままということはありえないので、非常に極端な仮定をおいた分析方法です。しかし、このように極端な仮定をおくことで頭が整理され、ある方策を実施した際の効果を定量的に把握できるので、その実現性を測る上では大変有効な方法です。

たとえば、成績がよくない子供に「頑張って勉強すれば、できるようになるよ」ということは、口では簡単に言えます。しかし、それではどれだけ頑張ればいいのか、子供にはわかりません。今やっている勉強量に比べてどれくらい頑張らなくてはいけないかを数字で計ってあげれば、現実的に可能かどうかが見えてくるでしょう。

１年後に有名私立中学の受験を控えていたとして、今の成績のままでは合格はままならない。でも、他の条件が一定ならば、１日１時間ずつ今より勉強する時間を増やすことで、合格圏まで成績が伸ばせるとわかれば、やる気を出す子もいるでしょう。

これが10時間増やさなくてはならないとなったら、もう現実的ではないので、もう少しランクの低い学校に志望校を変えたり、受験はあきらめて公立に行くことにするなど、進路を変える判断ができるようになります。

このように感覚的にしかとらえられていない事柄を数字に置き換えると、それまでよくわかっていなかったことが急に明確になります。

人口問題も、同様に「感覚」ではなく「数字」で考えることが大切です。

そこで、ceteris paribus分析を使って、日本の人口減少問題について考えていきます。

ここでは、まず日本経済のＧＤＰ総額と、日本人の生産性を固定します。ここでの生産性の定義は、購買力調整済みの１人あたりＧＤＰです。生産性を固定するということは、今の仕事のやり方、社会のありよう、さらに役所の膨大な書類などは一切変えないという前提です。

問題の根源は「高齢者が減らない」こと

この大前提のもと、まず経済への影響について考えていきます。

国立社会保障・人口問題研究所では、今後の人口減少についていくつかの試算を発表しています。今回の分析では、出生中位と死亡中位のシナリオを使います。

発表されている数字によると、図表1-3にありますように、日本の総人口は2060年に8673万7000人まで減ると予想されています（このデータは2012年のデータで、私の試算とかなり近いので、このデータを使うことにしました）。2015年との比較では、31・5％の減少です。

経済の規模について考えるにあたってもっとも重要なのは、15歳から64歳までの人口、すなわち生産年齢人口です。日本の生産年齢人口は2015年の7681万8000人から、2060年には4418万3000人にまで減ると予想されています。つまり45年で約3263万5000人、42・5％も減ることになります。

生産年齢人口のほうが国民全体より大きく減るのは、高齢者が減らないからです。生産年齢

図表1-3　2060年までの人口減少（千人）

年	0～14歳	15～64歳	65歳以上	総計
2015	15,827	76,818	33,952	126,597
2020	14,568	73,408	36,124	124,100
2025	13,240	70,845	36,573	120,659
2030	12,039	67,730	36,849	116,618
2035	11,287	63,430	37,407	112,124
2040	10,732	57,866	38,678	107,276
2045	10,116	53,531	38,564	102,210
2050	9,387	50,013	37,676	97,076
2055	8,614	47,063	36,257	91,933
2060	7,912	44,183	34,642	86,737
増減率（%）	−50.0	−42.5	2.0	−31.5

（出所）国立社会保障・人口問題研究所「日本の将来推計人口（平成24年1月推計）」（出生中位・死亡中位推計）

人口が減ることのほうが、国民全体の減少より経済に大きなインパクトがある。人口減少について考える際、これがもっとも大切なポイントです。

単純に生産年齢人口に現在の生産性をかけてＧＤＰを計算すると、現在の５３５兆円から２０６０年には３０８兆円まで減ります。他の国のＧＤＰが変わらないと仮定すると、世界第３位から世界第５位まで後退することになります。

世界人口に占める日本人の比率は２０１６年の１・71％から０・85％まで後退、世界のＧＤＰ総額に占める日本経済の規模は２０１６年の約６・６％から３％まで激減。これが、２０６０年の日本を待っている現実なのです。

「5人に2人が移民」に耐えられるか

生産性が一定だと仮定した場合、ここまで生産年齢人口が減ると、当然ですが経済は大打撃を受けることになります。

そこで、「だから、海外のように移民をたくさん受け入れればいいでしょう」と、移民受け入れ推進派の人は言うのですが、それで解決するほど問題は簡単ではありません。なぜかと言うと、これから日本で起きる人口減少は、諸外国に例のない、きわめて短期間に起こる極端な減少だからです（図表1－4）。

単純に考えて、減少する日本の生産年齢人口をそのまま外国人労働者で補填しようとすると、3263万5000人もの移民が必要になります。高齢者はこれから少し増えることが予想されますので、高齢者人口と生産年齢人口の比率が一定だと仮定すると、GDPを維持するために必要な移民の数は3419万6000人とさらに多くなります。先ほども説明したように、日本の人口は2060年に8673万7000人になると予想されているので、日本人の人口の約40％に相当する外国人を移民として受け入れることになるのです。

「今の日本経済の規模を守るために、外国人の移民が必要だ」と発言するのは簡単です。「海

図表1-4　極端に大きい日本の人口減少

国名	人口（千人）		
	2016年	2060年	増減率（%）
米国	322,180	403,504	25.2
中国	1,403,500	1,276,757	−9.0
日本	**127,749**	**86,737**	**−32.1**
ドイツ	81,915	71,391	−12.8
英国	65,789	77,255	17.4
フランス	64,721	72,061	11.3
インド	1,324,171	1,745,182	31.8
イタリア	59,430	54,387	−8.5
ブラジル	207,653	236,014	13.7
カナダ	36,290	45,534	25.5
韓国	50,792	47,926	−5.6
ロシア	143,965	124,604	−13.4
オーストラリア	24,126	35,780	48.3
スペイン	46,348	43,114	−7.0
メキシコ	127,540	166,111	30.2
世界	7,466,964	10,165,231	36.1
G7	758,074	810,869	7.0
日本を除くG7	630,325	724,132	14.9

（注）計測時点の違いにより、図表1-1とは数値が異なる
（出所）国連データより筆者作成、2016年のGDPランキング順

外でも受け入れているので、日本も」というのも理屈が通っているように聞こえます。ですが、こういう発言をされている人は、頭の中でどの程度の規模の移民が必要だと考えているのか。想像の域を超えないのですが、おそらく何百万人程度で十分だと思っているのではないでしょうか。

しかし、先ほどの計算でも明らかなように、今の規模の経済をキープするのに必要な移民の数は3419万6000人です。2060年の日本の全労働者の43・6％を外国人が占める計算になります。これだけの数の移民を受け入れれば、日本全国津々浦々、どこの街でも、住んでいる人間のおよそ5人に2人は外国人になります。

こんなにたくさんの移民を受け入れなくてはいけないとは、移民受け入れ推進派の方も考えてはいないでしょう。

どの程度の規模の移民が必要かを試算せず「移民を迎えればよい」と主張するのは、感覚的な空論です。

日本の経済を維持するのに必要な3419万6000人の移民を受け入れようとすると、日本中で大反対の声が沸き上がるでしょう。

それまで安易に移民の受け入れに前向きな発言をしていた人も、「そこまで実行するつもりはない」と手のひらを返す。すると、結局、議論だけで実行しないということに、日本ではなりがちです。
そうやって手をこまねいていると、時間切れになって、日本経済が崩壊するような状態になってしまう可能性も否定できません。

「日本は巨大国家である」という自覚を持とう

日本人はよく、日本のことを「小さな島国だから」と言いますが、日本は経済規模が非常に大きい国です。人口も世界第11位で、13カ国しかない「1億人超国家」の1つです。それだけ巨大な国なので、何をやるにも大規模にならざるを得ません。

５７１万人しか人口のいないシンガポールとはわけが違うので、生半可な対策で簡単に日本経済を動かすことはできないのです。

たしかに今後、多くの先進国でも人口減少が予想されています。しかし、２０６０年までの減少規模はドイツで１０５２万人、イタリアで５０４万人、スペインで３２３万人です。日本の４１０１万人減は、まさしく桁違いの規模なのです。

高齢者を働かせても「数」が合わない

今後、日本では確実に生産年齢人口が大きく減っていきます。

そこで、「生産年齢人口が減るのだったら、65歳定年制をやめて、死ぬまで仕事ができるように制度を変えればいい。高齢者が仕事を続ければ、人口減少に対応できる」と主張する人が出てきます。

これも主張するのは簡単ですが、数字を見れば、明らかにおかしいことがわかります。

先ほど紹介した国立社会保障・人口問題研究所の推計では、2060年までに日本では生産年齢人口が3263万5000人も減ります。2060年時点の高齢者の予想人口は3464万人ですから、高齢者が「全員」働けば、生産年齢人口の減少分をカバーできるのは、計算上確かです。

しかし、この主張には重大な見落としがあります。

まず、高齢者「全員」を労働者として見込むということは、彼らも現役世代の人たちと同じ

図表1-5　年齢別の男女人数

	男性（万人）	構成比（%）	女性（万人）	構成比（%）	合計（万人）
0～14歳	818	51.2	779	48.8	1,597
15～64歳	3,858	50.5	3,779	49.5	7,637
65歳以上	1,499	43.3	1,962	56.7	3,461
総計	6,175	48.6	6,520	51.4	12,695
内訳					
70～74歳	1,004	41.2	1,433	58.8	2,437
75～79歳	660	38.9	1,037	61.1	1,697
80～84歳	370	35.4	675	64.6	1,045
85～89歳	160	30.4	367	69.6	527
90～94歳	47	23.6	152	76.4	199
95～99歳	8	16.3	41	83.7	49
100歳～	1	14.3	6	85.7	7

（出所）総務省データ（2016年9月15日時点）より筆者作成

ように働くことが前提になっています。

たしかに、これからさまざまな分野で技術革新が進み、高齢者が働き続けることが今よりは容易になるでしょう。しかし、それでも高齢者や90歳を超える超高齢者が、現役世代と同じように働き、同レベルの生産性を発揮できると考えるのには無理があります。

もう1つの大きな見落としが、図表1-5にありますように、65歳以上の高齢者人口のうち女性が占める割合が56・7%で、現役世代の49・5%よりもずっと高いことです。年齢が高くなればなるほど女性比率が高くなり、100歳以上となると女性比率が85・

7％となります。さらに、高齢女性の場合、ずっと専業主婦だった人の割合が現役世代よりも高いのです。

そもそも、現役世代の日本人女性の生産性は男性の約半分と、きわめて低いのが現実です。高齢者の就業率が上がれば上がるほど、労働人口に占める女性の比率が上がります。そして、女性比率が上がることによって、日本人全体の生産性にマイナスの影響が出ます。

女性の生産性の低さ。これもまた、今後日本が改革していかなくてはいけない重要なテーマですので、第4章で詳しく検証します。

このように1つ1つ精査していくと、高齢者全員が働けば人口減少に対応できるという主張が現実的ではないことは明らかなのです。

生産性を上げないと「1日17時間労働」？

移民を受け入れず、仕事のやり方も変えず、1時間あたりの生産性も高めずに、それでも今の経済規模を維持するにはどうすればいいのかというと、これはもう「労働時間を延ばす」しかできることはありません。

図表1-6　総人口と生産年齢人口あたりの生産性目標

年	0〜14歳（千人）	15〜64歳（千人）	65歳以上（千人）	総計（千人）	生産性目標（千円）	
					総人口あたり	生産年齢人口あたり
2015	15,827	76,818	33,952	126,597	4,226	6,965
2020	14,568	73,408	36,124	124,100	4,311	7,288
2025	13,240	70,845	36,573	120,659	4,434	7,552
2030	12,039	67,730	36,849	116,618	4,588	7,899
2035	11,287	63,430	37,407	112,124	4,772	8,434
2040	10,732	57,866	38,678	107,276	4,987	9,245
2045	10,116	53,531	38,564	102,210	5,234	9,994
2050	9,387	50,013	37,676	97,076	5,511	10,697
2055	8,614	47,063	36,257	91,933	5,819	11,368
2060	7,912	44,183	34,642	86,737	6,168	12,109
増減率（%）	−50.0	−42.5	2.0	−31.5	46.0	73.9

（出所）国立社会保障・人口問題研究所「日本の将来推計人口（平成24年1月推計）」（出生中位・死亡中位推計）より筆者作成

では、いったいどれだけ労働時間を延ばせば、GDPを維持できるのか、計算してみましょう。

単純に、現在のGDP535兆円を今の日本人の数で割ると、1人あたりGDPは423万円になります。2060年の人口で今の535兆円を維持するには、1人あたりGDPを423万円から1・46倍の617万円に上げなくてはいけません（図表1-6）。

ただ、2060年までの間には、生産年齢人口が総人口より速いペースで減るので、事態はさらに深刻です。現在の生産年齢人口で535兆円を割ると、現在の生産年齢人口1人あたりのGDPが計算できます。今の生産年齢人口1人あたりのGDPは697万円ですが、これを1211万円に増やす必要があります。実に、1・74倍です。

国連などが公表しているデータでは、今の日本人は平均して1日10時間働いています。働き方を変えず、1時間あたりの生産性が今と同じだとすると、1日17・4時間働かなくてはGDPを維持することはできないという結論になるのです。

女性活躍を進めないと男性は「1日21時間労働」？

今の試算は、女性の労働時間も、男性と同様に増えることが前提になっています。はたして本当にそうなるでしょうか。

日本には150万円の壁（2018年から）など、結婚後に働きたくてもフルタイムで働く意欲をそぐ社会システムが残っています。

そこで、より現実に即した試算として、女性の労働時間が増えないケースも考えてみましょう。女性は結婚して、子供を産んで、家を守る。仕事をするにしても、パートやアルバイト程度で、フルタイムでバリバリ働くキャリアウーマンはあまり増えないケースです。

この前提に立つと、今のGDP５３５兆円を維持しようとした場合、男性の労働時間をどこまで増やさなければならないのかを試算できます。

今現在、所得から逆算すると生産年齢にある日本人男性１人あたりGDPは約９１０万円です。先ほど説明したように、５３５兆円のGDPを維持するためには、生産年齢人口１人あたりのGDPを１２１１万円に増やす必要があります。

女性の労働時間は変えずに、男性だけで生産年齢人口１人あたりのGDP１２１１万円を実現しようとすると、男性１人あたり１９２０万円のGDPが必要となります。

１時間あたりの生産性を変えずにこの水準を実現しようとすると、今の２・１倍働かなくてはなりません。男性の労働時間を１日平均10時間とすると、毎日21時間働かないと達成できないのです。

まさにバブルの時代に流行ったCMソングにあったような「24時間戦う」に近しい働き方が必要になるのですが、そんなことができるはずがないのは、言わずもがなでしょう。

結局、「生産性」を上げるしかない

ここまでの分析では、日本経済のGDP総額と日本人の生産性を固定して、今後の人口減少がどういうインパクトを与えるかを考えてきました。人口減少の影響はあまりにも大きすぎて、女性や移民、高齢労働者といった変数を「少し調整する」程度の改革では、日本社会を維持することができないのは明らかです。

今までの働き方、すなわち1人あたりの生産性、1時間あたりの生産性を変えずに経済を維持しようとすると、桁外れの数の移民を受け入れないといけません。日本人労働者だけでなんとかしようとすると、現実的ではない長時間労働が必要になります。生産性を固定する以上、どうやっても計算が合わないのです。やはり人口減少の規模が大きすぎて、生産性を向上させる以外の解決策は考えられません。今後の急激な人口減少に対応するためには、大きな改革が避けられないのです。

簡単に言えば、「GDP総額＝人口×1人あたりの生産性」なので、人口が大きく減る場合は働き方を変えて、生産性を上げて対応するしかないのです。

なぜ「経済規模」を維持する必要があるのか

ここまでの話は、日本経済の規模を縮小させない、つまり535兆円のGDPを維持することを大前提として進めてきています。

図表1–7　1人あたり社会保障費の負担額（千円）

年度	0～14歳	15～64歳	（うち男性）	65歳以上	全年齢
2015	7,474.6	1,540.0	1,941.5	3,484.3	934.5
2020	8,120.5	1,611.5	2,031.7	3,274.8	953.3
2025	8,935.0	1,669.8	2,105.2	3,234.6	980.4
2030	9,826.4	1,746.6	2,202.0	3,210.4	1,014.4
2035	10,481.1	1,865.0	2,351.3	3,162.5	1,055.1
2040	11,023.1	2,044.4	2,577.4	3,058.6	1,102.8
2045	11,694.3	2,209.9	2,786.1	3,067.6	1,157.4
2050	12,602.5	2,365.4	2,982.1	3,139.9	1,218.6
2055	13,733.5	2,513.7	3,169.0	3,262.8	1,286.8
2060	14,952.0	2,677.5	3,375.6	3,414.9	1,363.9

（出所）内閣、国立社会保障・人口問題研究所のデータ（2016年度）より筆者作成

経済規模の話をすると、「日本は、ここまで豊かになったので、これ以上頑張らなくていいのでは」「GDPは減ってもしかたないのでは」という指摘を受けることがあります。

しかし、GDPは絶対に維持しなければなりません。理由は2つあります。

これから日本では人口が減りますが、高齢者の数はあまり減りません。高齢者自身が負担する医療費の水準が今と同じだとすると、数が減らないので、GDPが減れば、GDPに占める医療費の割合が高くなります。今後高齢者1人にかかる医療費はおそらくさらに増えるので、若い人の負担が一層重くなるのです。

1人あたりの社会保障費の負担額を表した

図表1－7をご覧ください。2015年度の国民1人あたりの負担額は年間約93万円ですが、制度を変えずに人口が減っていくと、2060年度には約136万円まで増えます。

生産年齢人口で見ると、負担増は一層深刻です。生産年齢人口1人あたりの負担額は、同じ期間で約154万円から約268万円にまで急増します。就業率と収入を勘案すると、男性の負担はなんと、約194万円から約338万円にまで膨らむのです。

つまり、高齢者の数が減らない以上、GDPの規模を維持する必要がある。これが1つ目の理由です。

もう1つは借金です。

日本は国として1200兆円の借金を抱えています。1200兆円という金額だけ聞いても、巨額すぎてピンとこないかもしれませんが、簡単に言うと、日本の国家予算の10年分以上。いずれにしてもとてつもない金額です。

ただし、世界では国の借金の絶対額の多寡が問題視されることはほとんどありません。「GDPに比べて借金はいくらなのか」という、借金の対GDP比率が注目されます。日本のGDPに対する借金の比率は2倍以上。これは世界的に見て、もっとも高い比率です。

借金は、人口が減っても比例して減るものではありません。つまり、GDPが減れば減るほ

図表1-8　1人あたり累積財政赤字の負担額（千円）

年度	0～14歳	15～64歳	（うち男性）	65歳以上	全年齢
2015	75,819.8	15,621.3	19,694.0	35,344.0	9,478.9
2020	82,372.3	16,347.0	20,608.9	33,218.9	9,669.6
2025	90,634.4	16,938.4	21,354.5	32,811.1	9,945.4
2030	99,676.1	17,717.4	22,336.6	32,565.3	10,290.0
2035	106,317.0	18,918.5	23,850.8	32,079.6	10,702.4
2040	111,815.1	20,737.6	26,144.1	31,025.4	11,186.1
2045	118,624.0	22,416.9	28,261.3	31,117.1	11,740.5
2050	127,836.4	23,993.8	30,249.3	31,850.5	12,361.4
2055	139,308.1	25,497.7	32,145.4	33,097.1	13,053.0
2060	151,668.4	27,159.8	34,240.7	34,640.0	13,834.9

（出所）内閣、国立社会保障・人口問題研究所のデータ（2016年度）より筆者作成

ど、日本政府の借金問題は今以上に深刻な問題として浮かび上がってくるのです。図表１－８にありますように、今の借金がそのまま残ると仮定すると、現役日本人男性１人あたりの負担は２０１５年度の１９６９万円から、２０６０年度には３４２４万円にまで急増するのです。

政府の抱えている借金に関しては、過度に悲観視して、明日にも日本が経済破綻するような論調が見受けられる一方で、逆に心配いらないと主張する方もいます。

曰く、「日本は貯金が多いから借金は問題ではない」という主張なのですが、これは借金問題を勘違いしているとしか言いようがありません。

貯金が多いのは、借金の調達ができるとい

うだけの話で、当面は困らないというだけにすぎません。

一方、借金が増えれば増えるほど、貯金に対する借金の比率が上がります。それは日本が次第に貧乏になっていくことを意味しています。

貯金があるというのは、お金を借りる能力があるということです。一方、ＧＤＰが減るというのは収入が減るのと同義です。

借金が多くて、収入が一定以上少なくなり、返済が滞ると借金は不良債権化します。さらに収入が減ると、不良債権の処理が求められるようになり、担保をとられます。

だから、巨額の借金があるうちは、ＧＤＰの規模を縮小させるのは危険なのです。

経済規模を維持しないと「親を見殺しにする国」になる

今説明したように、ＧＤＰを維持しないと、医療・介護・年金などの社会保障を維持するのが難しくなるのは確実です。しかし、人口が減る日本では、いろいろなところで改革を急いで生産性を上げないと、ＧＤＰが減るのもまた確実なのです。

ＧＤＰが減れば、人々の命にかかわる医療費までも削減しなくてはいけなくなることも、十分にありえます。

今、医療技術がものすごいスピードで進化しています。少し前なら助からなかった命も救えるようになりつつあります。しかし、これらの医療の多くには多額の費用が必要です。

この多額の医療費も、国が負担しなくてはいけません。しかし、今のままでは日本のＧＤＰは間違いなく減ってしまうので、そんな余裕はどんどんなくなります。

ご両親が命にかかわる病気になった場面を想像してみてください。国にお金さえあれば、治療が受けられ、助かるかもしれない。しかし、国にお金がない。だから社会保障も縮小傾向で、庶民には高額医療費を補う余裕はない。それもこれもＧＤＰが減ってしまったため。その結果……。

あえてシビアな場面を想像してもらいましたが、今改革に着手し、ＧＤＰを維持する方向に動き出さないということは、このように、ご両親を見殺しにするのと同じなのです。

「痛みをともなう改革」は自業自得だ

日本の社会保障制度の原型は、主に欧州諸国のシステムに範をとってつくられました。この制度を維持していくために膨大な費用がかかることは、皆さんもご存じのとおりです。

日本では、終戦後すぐベビーブームが起き、どこの先進国よりも多くの子供が生まれました。ベビーブームは数年で落ち着きましたが、その後も安定して子供が生まれ、その結果、1945年に7200万人ほどだった人口は、65年後の2010年には1億2800万人にまで増えました。実に5600万人、現在の韓国の総人口以上の人口が、この短い期間に増えたのです。

このように急激に人口が増えたのは、安定的に子供が生まれたことに加え、平均寿命が延びたことも大きな要因でした。実際、日本は世界でも有数の長寿国になっています。

日本人が長生きになったこと自体は喜ばしいことで、それ自体にはなんの問題もありません。しかし、一方で進んでいる晩婚化とそれにともなう少子化が高齢化とセットになると、話は別です。

日本では戦後から1970年代半ばまで、婚姻率が0・8%から1%で推移していました。婚姻率とは、1年の間、一定の人口のうち結婚した人の割合を示す数字です。つまり0・8%なら、1000人のうち8人がその年結婚したという意味です。

この婚姻率が1980年代以降減少し、2016年にはついに0・5%までに落ち込んでしまいました。

結婚する人が減るのに合わせ、生まれる子供の数も如実に減ってきています。日本の出生数は、ベビーブームの数年は年間260万人以上。1970年代初頭の第2次ベビーブームのころは200万人以上だったのですが、その後は漸減し、2016年には97万7000人と、ついに100万人の大台を割ってしまいました。

一方で長寿化にともない、高齢者の数は年々増え続け、直近のデータ（2016年）では65歳以上が全人口の27・3％を占めるに至っています（ちなみに75歳以上だけでも13％です）。15歳未満の幼年人口が占める割合はわずか12・6％にすぎません。人口ピラミッドを描くと、まさに「頭でっかち、尻すぼみ」で、きわめてバランスの悪い状態になっています。このバランスの悪さは先進国の中でも突出しており、今後多方面で深刻な問題の火種となることは確実です。

先ほども述べましたが、今後、医療の技術がさらに進歩すれば、一層長寿化が進むことになるでしょう。喜ばしいことではありますが、しかし、それにともない高齢者1人ひとりにかかるコストが増加することを忘れてはいけません。

今後深刻化する世代別人口のアンバランスがもたらす問題を解決するには、これまでとは根本的に異なる社会・経済システムを構築していかなくては、対処は不可能です。改革しないという選択肢は、日本にはもはやありません。

そのためには、今までの常識をすべて否定しなくてはなりません。もし昔の常識を維持したいというのなら、長寿をやめるか、子供をジャンジャンつくるかしか選択の余地はないのです。

これまでの常識を全否定し、改革を進めるためには、相応の負担を日本国民全員が負わなくてはいけなくなります。中には痛みのともなう負担もあるでしょう。

しかし、その痛みは、必要なだけ子供をつくってこなかった日本人が負わなくてはいけない報いなのです。残念ながら、自業自得としか言いようがありません。

第2章

「生産性」を正しく理解し、目標を立てよう

まず、生産性向上の教科書的なメリットを確認します。一般的に、生産性向上には5つのメリットがあると言われています。

（1）労働者の生活水準の向上と、労働条件の改善
（2）年金基金と一般株主の配当利益の増加
（3）消費者が受け取る付加価値の向上
（4）環境への配慮の向上
（5）政府が格差社会緩和のために使う税収の増加

日本に生産性向上が必要不可欠なことは、第1章で確認しました。ここで私が皆さんにお伝えしたい論旨は、以下のとおりです。

（1）社会保障制度を維持するために今のGDP総額を維持する必要がある
（2）GDPは人口×1人あたりの生産性で決まる
（3）人口が減る中でGDPを維持するには、生産性を上げる必要がある
（4）日本の生産性は海外に比べて低い

（5）低いということは、上げる余地があるということである（少なくとも可能性が高い）
（6）それを実現するには、海外との生産性の違いを検証し、低い原因を特定する必要がある
（7）その原因を直す価値と実現性を検証する
（8）それを実現するための方法を考える

そもそも、生産性とは何か

私は、2016年の12月に『新・所得倍増論』（東洋経済新報社）という本を発表しました。本が出たあと、東洋経済新報社のウェブメディア、東洋経済オンラインで、生産性向上をテーマに何回か連載をしました。

東洋経済オンラインの読者ならば経済の基礎知識があると思っていたのですが、いただいたコメントの一部に心底ビックリさせられました。

私はいろいろなところで講演も行っているのですが、それら講演会の質疑応答でも、同じ理由で驚かされることがあります。

何に驚かされたかというと、オンラインのコメントを読んでも、質問を聞いても、明らかに生産性の定義が正しく理解されていなかったことです。たしかに、前著では生産性の定義をきち

んと説明してはいませんでした。

私は高校生のころ、学校の経済学の授業で、生産性の定義は1人あたりのGDPだと学びました。ネットでproductivity（生産性）というワードを検索しても、当たり前のように1人あたりGDPの結果が出ます。国連でも、世界銀行でも、英国政府でも、米国政府でも、生産性として発表されているのは必ず1人あたりのGDPなのです。

つまり、私の認識では、「生産性＝1人あたりのGDP」なのは「世界の常識」で、それをわざわざ書く必要はないと思い、本の中ではあえて生産性の定義を書かなかったのです。

こんな当たり前のことをわざわざ書くと読者に失礼かと思ったのですが、もしその認識が間違っていたとしたら、この場を借りて明確な定義を示さなかったことをお詫びしたいと思います。

先日こども大学の講師を務めました。子供たちに付加価値と生産性を説明しようとして気づいたのは、自分では理解しているつもりでも、どこかであやふやになっているところがあることでした。生産性の概念はきわめて重要ですので、ここでは「生産性とは何か」をあらためてご説明したいと思います。

さて、皆さんもご存じのとおり、GDPとは一定期間内に国内で生み出された付加価値の総

図表**2−1**　そもそも「生産性」とは？

	国	企　業
付加価値	金利等 税　金 利　益 給　与	売上から他社に 支払う金額を引く
生産性	人口数で割る	社員数で割る

額です。より具体的にイメージしてもらうために細目も挙げておきますと、ＧＤＰとは「労働者の給料」「企業の利益」「政府などが受け取る税金」「お金を貸した人が受け取る利息など」の総額です（図表２−１）。

そのＧＤＰの総額を国民の数で割ったものが生産性です。

企業の場合は、売上から他社への支払い（外部調達費用）を引いた金額が、その企業の付加価値になります。それが、その企業の従業員の給料、利益、税金、金利などの支払いに使える金額です。それを全従業員数で割ったものが、企業の生産性です。

国別の生産性を比較するためには、それぞれの国の物価水準の違いをもとに調整を行います。これを「購買力調整」と言います。

この購買力調整をした１人あたりＧＤＰが、もっとも一般的な生産性の定義です。本書でも、特に言及がない場合は、これを使って検討を進めていきたいと思います。

購買力調整をした1人あたりGDPは、世界中で使われている非常に一般的な指標です。これを使うことに異論を唱えていては、経済の話はできません。

GDPは、市場で取引される商品とサービスが基本となるので、「把握しきれていない価値もあるのではないか」という指摘もあります。家事やボランティアなど、お金のやりとりをともなわないサービスは、たしかにGDPにはカウントされません。

この件に関しては後ほど取り上げることにして、とりあえずここでは生産性を購買力調整済みの1人あたりGDPとして話を進めていきたいと思います。

「世界第3位の経済大国」なのは技術があるから?

日本は経済規模では世界トップクラスですが、生産性は驚くほど低く、なんと世界第28位です(図表2-2)。これはどういうことなのでしょうか。

日本のGDPランキングは世界第3位です。順位は米国、中国、日本、ドイツ、英国、フランス、インド、イタリアと続きます。

日本では、この順位がそのまま、それぞれの国の技術力や国民性、生産性を反映していると勘違いしている人が多いようです。やはり、マスコミが「日本は技術大国だ」「日本人は真面目に働く」などと喧伝した結果なのでしょうか、経済規模とこれらのことに直接的な因果関係があると考える人が実にたくさんいます。

しかし、この考え方は国の経済規模を左右する重大な要素の存在を見逃しています。人口の違いです。

簡単な例を挙げると、技術力や国民の勤勉さ、さらに生産性がまったく一緒のA国とB国があり、A国の人口が3・2億人でB国は1・3億人だったとします。すると、A国の経済規模はB国の約2・5倍になります。

人口が違えば、経済規模はそれだけ差が出るのです。図表1-1（23ページ）にありますように、日本経済がドイツやフランスより大きい理由は、完全に人口の違いだけです。日本のほうがこの両国より、圧倒的に人口が多いから、経済規模も大きいのです。

人口の多寡が経済の規模に大きな影響を持つのは、中国を見ればわかります。中国の技術力

図表**2-2**　生産性（1人あたりGDP）ランキング（2016年）

国名	順位	生産性（米ドル）	国名	順位	生産性（米ドル）
カタール	1	127,660	スウェーデン	15	49,836
ルクセンブルク	2	104,003	アイスランド	16	49,136
マカオ	—	90,151	オーストラリア	17	48,899
シンガポール	3	87,855	ドイツ	18	48,111
ブルネイ	4	76,884	台湾	19	48,095
クウェート	5	71,887	オーストリア	20	48,005
ノルウェー	6	70,643	デンマーク	21	47,985
アイルランド	7	69,231	オマーン	22	46,698
アラブ首長国連邦	8	67,871	カナダ	23	46,437
スイス	9	59,561	ベルギー	24	45,047
サンマリノ	10	59,058	英国	25	42,481
香港	—	58,322	フランス	26	42,314
米国	11	57,436	フィンランド	27	42,165
サウジアラビア	12	55,158	**日本**	**28**	**41,275**
オランダ	13	51,049	マルタ	29	39,834
バーレーン	14	50,704	赤道ギニア	30	38,639

（出所）IMFのデータ（購買力調整済み）より筆者作成

が日本より高いと考える人はほとんどいないでしょうし、私も同意見です。また、一般的な中国人の生活水準は日本よりも圧倒的に低いのも間違いのない事実です。しかし、中国は米国に次ぐ世界第2位の経済大国で、第3位の日本より順位が上です。理由は人口が多いから、ただそれだけです。

欧州諸国より、日本の経済規模のランキングが上なのは、中国と一緒で人口が多いからです。たしかにその昔、1990年までは日本経済は中身も世界のトップクラスでしたが、残念ながら今は二流です。その理由は生産性があまりにも低いからです。

大手先進国の中で生産性がもっとも高いのは米国で、5万7436米ドルです。一方、日本は4万1275米ドルで、米国の7割くらいです（2016年）。ちなみにIMFの区分では、一流先進国は人口1人あたりGDP（購買力調整済み）5万米ドル以上の国で、3・5万米ドル以上、5万米ドル未満は二流とされています。

労働者1人あたりでは、日本は実はスペインやイタリアより低くなる

生産性を計算する際、「総人口1人あたり」のほかに、「労働者1人あたり」で見ることもあります。GDPという付加価値を、就労者の人口で割ったものです。これを使うのは、各国の

人口に占める労働者の比率が違うからです。

高齢者が多いと、分子になるＧＤＰの増加にあまり貢献していないのに、分母となる人口の１人としてはカウントされるので、１人あたりＧＤＰを押し下げ、国際比較上の生産性ランキングを下げる要因になります。逆に子供が少ないと、生産性ランキングを押し上げる効果があります。

また、国によって失業者が多い国もあります。この場合、仕事のやり方の違いではなく、単純に失業者が多いことで、人口１人あたりＧＤＰが低くなることもあります。

このような違いが生産性に影響するのですが、就労者１人あたりのＧＤＰを見ることで、国々の条件の違いに惑わされず正しい比較ができるのです。全体のランキングが低い理由が、労働者の生産性の違いなのか、人口構成の違いなのかなど、生産性が低い原因がどこにあるか見極めるために、労働者１人あたりＧＤＰは大事なチェック項目です。

人口１人あたりの生産性ランキングでは、日本は世界の中で第28位です。イタリアは第33位、スペインは第34位です。

しかし、労働者１人あたりだと日本は世界で第29位（図表2−3）。イタリアは第19位で、スペインは第25位です。日本は第32位のギリシャをわずかに3・5％上回る程度です。この理由は、日本では人口に占める労働人口の比率が高いからです。私はこのデータを見るたびに、いつも

図表2-3　労働者の生産性（労働者1人あたりGDP）ランキング

順位	国名	生産性（米ドル）	順位	国名	生産性（米ドル）
1	ルクセンブルク	227,827	16	スウェーデン	100,072
2	カタール	176,717	17	デンマーク	99,678
3	ブルネイ	163,166	18	オーストラリア	98,966
4	シンガポール	162,610	**19**	**イタリア**	**98,458**
5	アイルランド	159,335	20	オーストリア	97,929
—	マカオ	146,352	21	ドイツ	95,345
6	サウジアラビア	143,342	22	フィンランド	94,710
7	クウェート	135,815	23	バーレーン	94,386
8	ノルウェー	134,569	24	マルタ	92,637
—	プエルトリコ	126,543	**25**	**スペイン**	**91,154**
9	**米国**	**120,184**	26	カナダ	90,626
—	香港	112,983	27	アイスランド	86,507
10	ベルギー	110,762	28	英国	86,343
11	スイス	107,803	**29**	**日本**	**83,233**
12	フランス	106,611	30	イスラエル	81,433
13	オマーン	105,034	31	赤道ギニア	80,700
14	オランダ	102,508	32	ギリシャ	80,449
15	アラブ首長国連邦	102,493	33	韓国	74,379

（出所）世界銀行のデータ（2016年）より筆者作成

強い衝撃を受けています。

日本の人口構成の特殊要因を考慮しても、日本の生産性の低さは尋常ではありません。やはり労働者の仕事のやり方に、問題があるのは明らかです。

目指すべき生産性目標は「世界トップ」レベル

それはさておき、ここからは「現行の社会保障制度を維持するために、今のGDP総額を維持する必要がある」という前提をおいて検討を進めていきます。

現在の535兆円のGDP総額を2060年の4400万人という予想の生産年齢人口で割ると、生産年齢人口1人あたり1211万円のGDPが必要になります。現在の697万円の約1・74倍です。

この状況をたとえると、今、1人の高齢者を2・3人の現役世代で支えているのが、2060年には1・3人で高齢者1人を支える状況になるということです。当然、現役世代の人は、今より多くの給料をもらわないと、首が回らなくなります。

労働者1人あたりの生産性＝1211万円というのは、今の水準だと世界第10位になります。

米国とあまり変わらない水準です。

過去からのトレンドを見ると、世界の生産年齢人口1人あたりGDPは向上し続けています。そのため、2060年には今より水準が切りあがっている可能性が高いので、日本の生産年齢人口1人あたり生産性を2060年に1211万円まで伸ばすのは、必ずしも高いハードルではありません。しかし、それでも間違いなく、世界のトップレベルにはしなければなりません。

今現在の日本の生産性がきわめて低水準なのは、厳然たる事実です。これを見て「日本って、なんてダメな国なんだ」とネガティブにとらえることは簡単です。が、私は逆にこの惨憺たる状況を救いだととらえています。

日本が持っている潜在能力を考えれば、本来、生産性がこんなに低いわけがないのです。何かがおかしいのです、狂っているのです。実際、ほんの30年ほど前までは、日本の生産性は世界第10位だったのです。復活できないはずはありません。

日本の経済規模は米国の10分の1以下に沈む

さて、日本の生産性を世界のトップレベルに引き上げるのは現実的なのか、米国と比べて検討してみましょう。

図表2-4　日本と米国の生産性比較

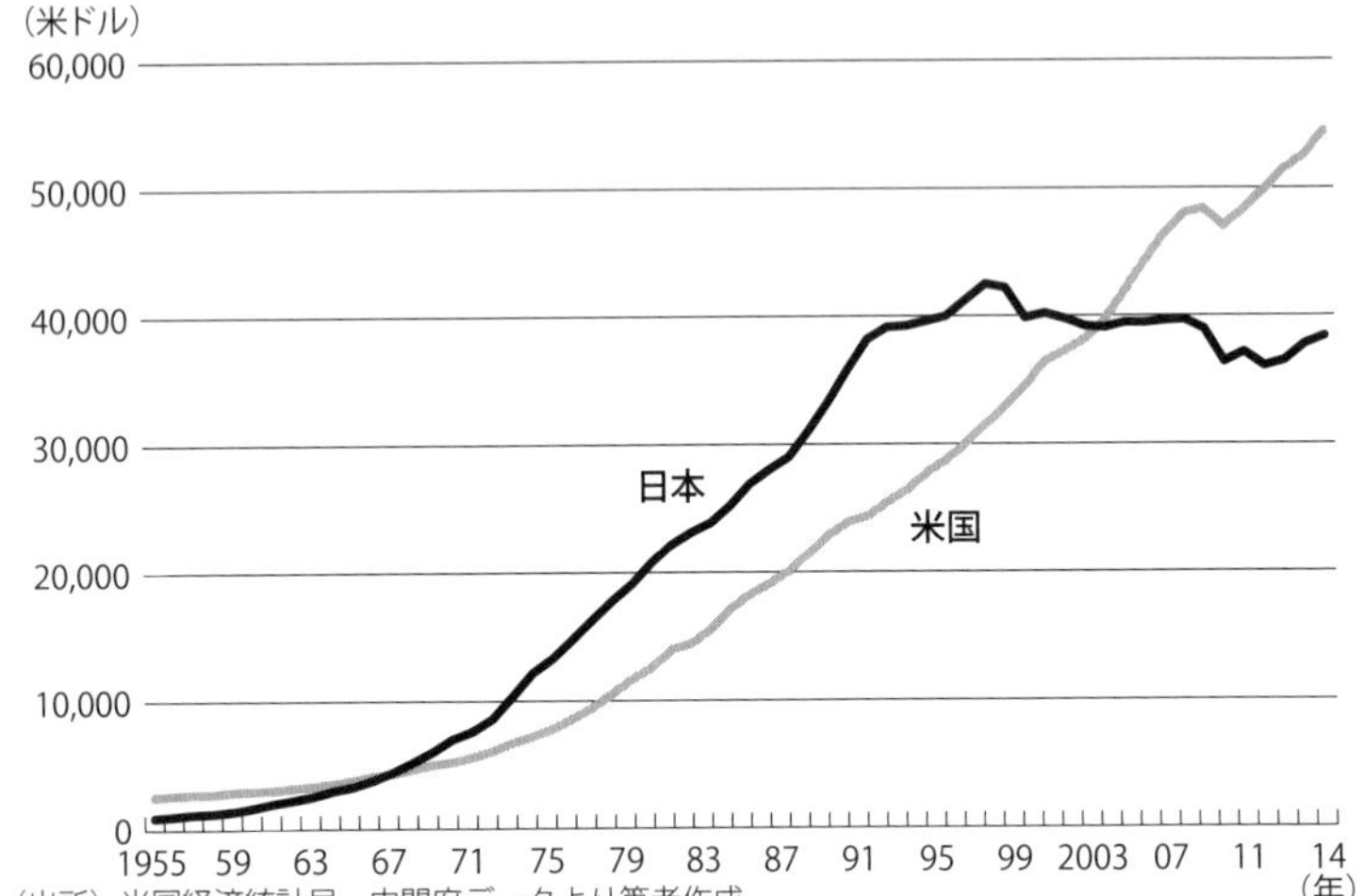

(出所) 米国経済統計局、内閣府データより筆者作成

米国では、大昔から生産性が向上し続けています(図表2-4)。もちろん、向上率が高い時期もあれば、低い時期もありました。1990年代の半ばから2000年代の半ばまでは、インターネットと携帯電話のイノベーションが起きて、生産性がかなり伸びました。最近は少し落ち着き、2%前後で推移しています。

専門家によっては、米国の生産性向上はこれ以上期待できないと主張される方もいらっしゃいます。ただし、同じような主張をされた方は昔もいたのですが、実際にはずっと向上を続けているので、今後も引き続き向上すると考えるのが妥当です。

最近、米国の生産性向上率が低下して、日本と同じような問題を抱えていると指摘する専門家があらわれました。ただ、これまで差が開き続けて、米国の水準は日本より相当高くなっているのは動かしがたい事実なので、今後、米国の生産性上昇率が低下することを理由に、日本の低い生産性を正当化しようとするのは、ただの屁理屈にしか聞こえません。

将来の成長率を占うのには、これまでの平均値ではなく、最近のトレンドより低めの向上率を使うのが一般的です。そこで、今後も年間2・2%、生産性が向上すると仮定し、米国の将来の生産性を推計してみました。

すると、米国の生産性は今の5万7436米ドルから、2060年になんと14万9879米ドルまで伸びることがわかりました。

先ほども説明したとおり、2060年段階で現在のGDPを維持するために必要な日本の生産年齢人口1人あたりGDPは1211万円、およそ11万米ドルでした。これは2060年の米国よりは低水準です。

そう考えると、このレベルまで生産性を上げることは、あながち不可能でもないように思えてきます。

ここでの試算は、2060年の日本のGDP総額が今と同じ535兆円のままという前提をおいています。しかし、もしこの前提のように日本のGDP総額が将来の段階でも今と変わらないとすると、世界の中での日本経済の存在感がきわめて小さくなることは避けられません。

２０６０年には、米国の人口は今の３・２億人から４億人超まで増えると予想されています。人口増加に加え生産性の伸びも考慮に入れて計算すると、２０６０年の米国経済規模は６８７５兆円になると推計できます。

ここで行っている試算では、日本では２０６０年まで生産性が上がる一方、ＧＤＰ総額は増えません。つまり、２０６０年でも日本のＧＤＰ総額は５３５兆円のまま。そうなると、日本経済の規模は米国経済のわずか７・８％までに落ち込むことになります。

１９９０年代の半ば、日本のＧＤＰ総額が米国の７割近くに達していたのを考えると、この落ち込みがいかに激しいことなのか、子供でも理解できます。

人口減少がいかに経済にマイナスの影響を及ぼすか、そしていかに恐ろしいことか、おわかりでしょう。

今後22年間が「正念場」と言える理由

普通の国の場合、「人口１人あたり」の生産性目標を立てても、特に問題はありません。単純に計算すると、日本では人口１人あたりの生産性目標を、今の４２３万円から２０３０年に

図表2-5 総人口と生産年齢人口あたりの生産性目標（図表1-6再掲）

年	0～14歳（千人）	15～64歳（千人）	65歳以上（千人）	総計（千人）	生産性目標（千円）	
					総人口あたり	生産年齢人口あたり
2015	15,827	76,818	33,952	126,597	4,226	6,965
2020	14,568	73,408	36,124	124,100	4,311	7,288
2025	13,240	70,845	36,573	120,659	4,434	7,552
2030	12,039	67,730	36,849	116,618	4,588	7,899
2035	11,287	63,430	37,407	112,124	4,772	8,434
2040	10,732	57,866	38,678	107,276	4,987	9,245
2045	10,116	53,531	38,564	102,210	5,234	9,994
2050	9,387	50,013	37,676	97,076	5,511	10,697
2055	8,614	47,063	36,257	91,933	5,819	11,368
2060	7,912	44,183	34,642	86,737	6,168	12,109
増減率（%）	−50.0	−42.5	2.0	−31.5	46.0	73.9

（出所）国立社会保障・人口問題研究所「日本の将来推計人口（平成24年1月推計）」（出生中位・死亡中位推計）より筆者作成

４５９万円、２０４０年に４９９万円、２０５０年に５５１万円、２０６０年に６１７万円に上げていくことが必要です（図表２−５）。

しかし日本の場合、この目標の立て方は危険です。

この目標だと、２０６０年までに今の１・５倍程度に生産性を上げればよいように見えてしまいます。すると、国も企業も、また実際働いている労働者も、「そんなシャカリキになって生産性を上げなくても大丈夫」と誤解をしてしまいかねません。

日本では今後、高齢者人口が減らずに、諸外国と比べて速いスピードで生産年齢人口が激減するので、全国民に占める労働者の比率が下がります。人口激減という特殊要因を抱えている日本の場合は、生産年齢人口1人あたりの生産性で目標を立てなくてはいけません。

生産年齢人口1人あたりの生産性で再計算すると、今の697万円を2030年に790万円、2040年に925万円、2060年に1211万円に上げる必要があるのがわかります。

特に2040年には、生産年齢人口に対して高齢者の数がもっとも多くなると言われています。それを考慮し、生産年齢人口1人あたりの生産性の目標を2060年まで通しで計算すると、毎年の生産性向上目標は1・24%ですみます。しかし、2040年の目標を達成するには、毎年1・7%の生産性向上が不可欠です。

2040年までが日本の正念場で、このタイミングまでに急ピッチで生産性を上げていかなければならないのです。

米国の2割台を守るために必要な生産性向上率は「米国の1・5倍」

米国経済は、生産性の向上と人口の増加の両輪で拡大してきましたが、やはり人口要因が強く効いています。

米国経済が欧州を凌駕するようになった最大の要因は、なんといっても人口の増加です。

私自身、1987年から1989年までニューヨークで暮らしていましたが、1989年の段階では、米国の人口は約2・4億人でした。しかし、今では3・2億人近くになっています。つまり、このわずか30年弱の間に、今のドイツの人口とほぼ同じ規模で、米国の人口は増えたのです。今現在の日本の生産年齢人口とほぼ同じ規模です。

米国経済のニュースでは、毎月新規雇用者数や新築住宅件数などのデータが、経済成長の裏づけとして使われます。しかし、よく考えてみると、これらのデータはただ単に人口が増えていることを示しているにすぎません。

1990年以降、生産性もきちんと上がっていますが、米国の経済成長の主因は人口の増加といって間違いありません。

米国の場合、経済のインフラ（規制や企業）と国家インフラ（道路、学校など）をつくって、移民という形で世界中から優秀な人材を集めて、インフラを最大限に使ってもらうのが国家戦略になっています。自国民にこだわらず、そのインフラの持つ潜在能力を最大限発揮できる人に門戸を開いているのです。

グローバル企業も同じです。創業した国の国民だけを戦力にすると、その国の国民のポテン

図表2-6　米国の2割台をキープするための生産性推移

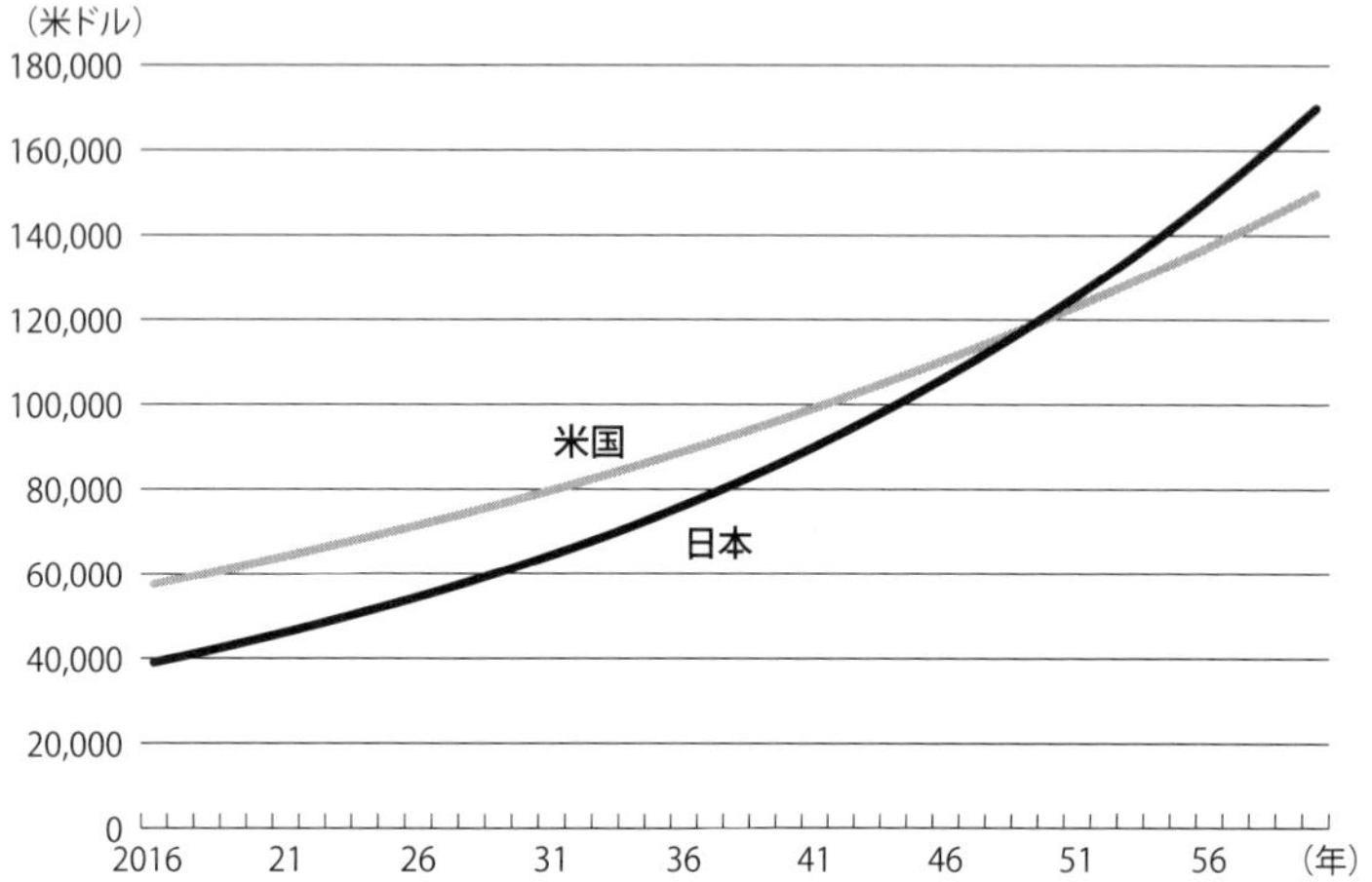

（出所）IMFのデータより筆者作成

シャルに自らの力が制限されてしまいます。
そこで、企業として儲ける仕組みをインフラとして世界に提供し、さまざまな国から人材を集め、ベストな戦力を整えて戦うのが、今日のグローバル企業の常識です。

米国の人口予想と最近の生産性向上のトレンドを使い、2060年の米国のGDPを試算すると6875兆円となります。日本の総GDPが535兆円のまま、2060年を迎えると、米国経済の7・8％まで大きく低下するのは、先ほども説明したとおりです。

仮に、日本経済の規模を米国経済の2割台にキープしようとすると、今の535兆円を1375兆円に増やさなくてはなりません。それには年3・4％で生産性を向上させる必要があります。

米国の予想に使っている生産性の向上率は2・2%ですが、毎年それに1・2%を上乗せして向上させていかなくては、日本経済を米国の2割台の規模にキープすることすらできないのです。このペースで生産性を上げ続けると、2050年に米国の1人あたりGDPを上回る結果となります（図表2－6）。

「利益」と「生産性」を混同してはいけない

ここまでで、日本が目指すべき生産性向上目標が明らかになりました。次章以降では、どうやって目標を達成するべきかを論じていきたいと思います。

その前に、ここでは生産性に関して起こりがちな誤解を紹介しつつ、整理しておきたいと思います。ここでご紹介する誤解の例は、今まで私が発信してきた提言に対して、質問や指摘の形で寄せられたものです。

生産性の議論をすると「アトキンソンさんはゴールドマン・サックス出身の西洋至上主義者だから、日本企業に利益を出せと言っているだけでしょう」「利益を出せと言って、日本的経営を壊そうとしているだけなのでは」などといった、いわれもない非難を受けることがあります。はっきり言っておきますが、これは明らかに誤解です。私の真意は、そんなところにはありません。

「日本は生産性を上げるべき」。これが私の主張です。

「利益を増やせ」と言っているわけではありません。

まず、経済全体から見ていきます。利益と付加価値は同じではありません。先述したように、GDPは金利や配当、企業の利益、政府に払う税金、労働者の給料の合計、つまり国の「付加価値」の総和です。利益は付加価値の一部にすぎません。

利益を増やすことと、付加価値を増やすことは、必ずしも同じではないのです。付加価値が増えて、利益が減ることも十分ありえますし、付加価値が高いのに、一定期間利益が出ないこともよくあります。よって、生産性を伸ばせといっても、利益を増しさえすればいいというものではないのです。

図表2–7をご覧ください。これは、1990年代からこれまでの日本企業の経営戦略を図にしたものです。

政府も指摘しているように、日本では失われた25年間、企業は金利が下がっても積極的な投

図表**2-7** **今までの経営戦略**

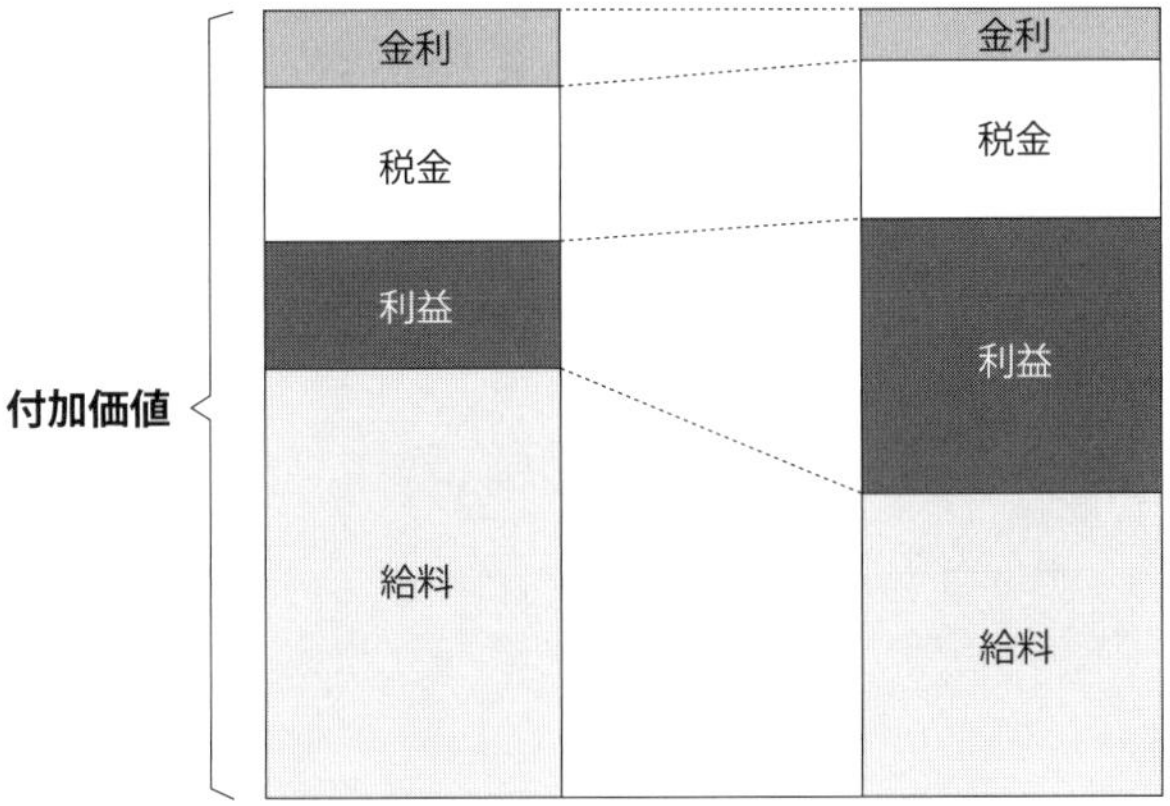

資をせず、また従業員の給料を上げるどころか逆に下げて、利益を増やし、内部留保金を増やしました。しかし、もっとも重要な付加価値が高まっていないので、生産性が上がらないのです。25年間、ただ単に付加価値の取り分の入れ替えをしてきただけです。この状況は、資本を持っている人や労働者から付加価値を奪って、企業が資本を増やしていることを意味します。

先述したように、企業の付加価値とは、単純に言えば売上から他社への支払いを引いた余剰分です。ここも同じように、売上をそのままにして、社員の給料を下げていくと、利益は増えますが、ただのコスト削減なので、付加価値は増えません。付加価値が増えない以上、経営戦略としては評価できません。

生産性は収益性の指標ではありません。収益性だけを考えれば、人件費と設備投資を削れば、短期的には利益は増えます。しかし、そうするとその分だけ付加価値向上とイノベーションの機会が減るので、競争力と将来性が犠牲になり、いずれはその企業の業績に響いてきます。イノベーションによる収益性の向上と不健全なコスト削減は、まったく別物です。

この経営ミスこそが、日本の「失われた25年」の根源なのです。

増やすべきは「利益」ではなく「付加価値」

こんなことをやっても、付加価値の持ち主が変わるだけで、国の経済にとってはなんのプラスにもなりません。

図表2−8は、今後の日本企業のあるべき姿を示したものです。これを見れば、日本企業の経営者がすべきことは明確です。付加価値の取り合いから脱却し、一刻も早く「すべての関係者の受け取る価値を増やす」方向に転換すべきです。

今までのように、付加価値を増やさず、利益だけを増やして配当を払うと、海外の機関投資家を喜ばせるだけです。

しかし、その喜びも限定的です。日本全体の付加価値（GDP）が上がらない以上、継続的な

図表2–8 本来あるべき経営戦略

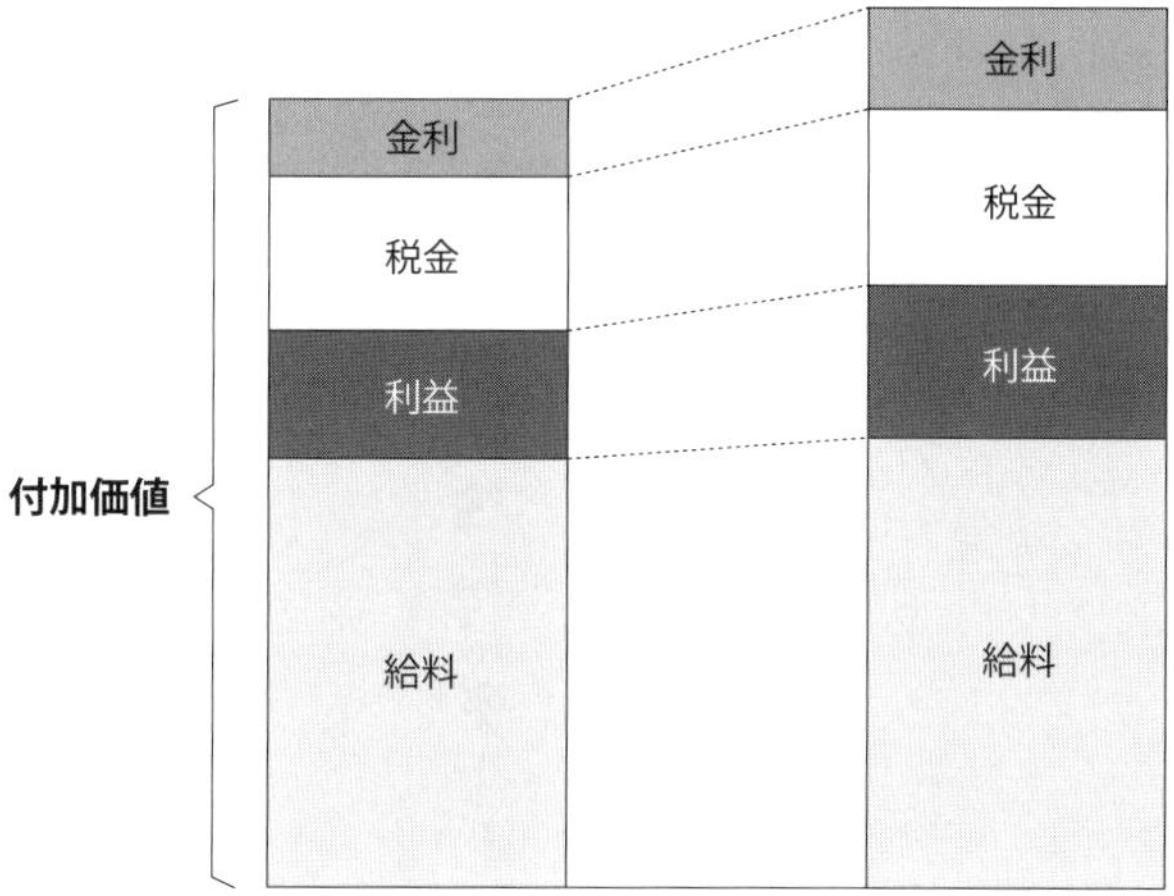

株価上昇にはつながりません。事実、米国やドイツでは、株価が史上最高値を更新し続けているというのに、日本株はいまだに最高値の3分の2の水準にも達していません。日本の経営者の経営戦略が稚拙で、投資家から評価を受けていない証拠です。

日本経済が生み出す付加価値が増えれば、人々の給料が増えて、税収も増えます。そうすれば、結果として企業の利益も増えるかもしれませんが、それは第一義ではありません。

総合的に付加価値を増やすことが重要で、そのために生産性を向上させることが不可欠なのです。付加価値が増えれば利益も増えるはずですが、こちらは付帯的なものにすぎません。付加価値が増えていれば、利益が増えなくてもいい例はいくらでもあります。

そういう意味では、単純に賃金を上げればいいということでもありません。付加価値が上がらないのに賃金だけを上げても、経済全体の付加価値が上がらなければ、やはり項目の入れ替え、使い方の変更にすぎないのです。

そもそも、生産性が上がらないのに、賃上げだけする企業はないでしょう。仮にもしそんな会社があったとしたら、すぐに倒産してしまうのは目に見えています。

「窓際族」がいても生産性には影響しない

生産性の話をするとよく聞かされるのが、「日本では昔から『ワークシェアリング』をしており、窓際族のような人たちがいるから、生産性が低くなってしまった。これはある意味しかたがないのだ」という話です。

どういうことかというと、日本は戦後ものすごい勢いで人口が増え、人で溢れていました。失業者が増えて社会が不安定になるのを避けるために、日本では企業が必要以上に人を雇用した。日本では終身雇用が当たり前だったし、正社員は簡単に解雇できない。そこで企業は人手が余っても雇用を守り続けた。その結果、日本企業は生産性が低くなってしまった。

つまり、日本では日本的経営の下で、企業が国に代わって雇用安定の役割を果たしていて、そのことによって社会の安定が保たれてきた。言うなれば、2人でできる仕事を3人でやっているから生産性が低くてもしかたがないという主張です。

もっともらしい理屈に聞こえますが、この認識は大間違いです。これも付加価値と付加価値の使い方を混同している例です。「利益」と「付加価値」の違いが理解できていれば、このような理屈が正しくないことは明らかです。

この話は分母と分子に分けて考える必要があります。まず分母から説明していきます。

企業の立場で見ると、2人でできる仕事のために3人を雇うと、社員の給与負担が増えます。付加価値が2人分しかないので、利益は減ります。しかし、その3人目の人が付加価値を創出するのを邪魔しない限り、付加価値総額には影響しません。そもそも窓際族だから、邪魔はしていないはずです。2人が生み出した付加価値を3人で割っているので、たしかにその個別企業の生産性には悪影響を及ぼします。

ただし、国の1人あたりGDPにはなんの影響も与えません。先ほどの2人がつくる付加価値を国民全員で割って、1人あたりGDPを計算しますので、窓際族の人が失業者であっても、窓際族であっても、国民である以上は国の1人あたりGDPには何も影響しないのです。

窓際族の存在は、企業の利益にはもちろん悪い影響を及ぼします。付加価値をつくってもいないのに、給料を払わなくてはいけないからです。しかし、それは利益の話であって、その企業の付加価値には関係ありません。要するに、付加価値の使い方、配分のしかたにすぎないのです。

より大事な観点があります。分子です。

先ほど説明したように、生み出された付加価値を何人の社員で分けるかは国全体の生産性とは無関係なので、窓際族の人がいようといまいと、生産性が低い理由にはなりません。しかし、唯一、窓際族の存在に問題があるとすれば、機会損失が生じている点です。

本当は付加価値を生み出せるのに、経営があまりにも下手で、有能なスタッフを適材適所に配置できず、宝の持ち腐れにしてしまっていると仮定すれば、たしかに窓際族は問題です。もしこんなことが横行しているとすれば、日本の生産性を下げる一因になっているのは間違いありません。

しかし、この場合でも批判されるべきは、当の窓際族の人たちではなく、その人材を活かせていない経営者であることは明らかです。特に人材が足りなくなるこれからは、十分に付加価値を生み出せていない人にも、付加価値の生み出せる活躍の場を与えて、活用するべきでしょう。

「効率性」と「生産性」を混同してはいけない

生産性の説明をする際、生産性と効率性を混同してしまう人をよく見かけます。繰り返しますが、生産性はあくまでも付加価値の話です。生産性の高い人は、一般的に効率のいい仕事をする場合が多いのは確かです。しかし、効率がいいからといって、生産性が高いとは限りません。

生産性は、効率性より広い概念です。簡単に言えば、生産性は使える資源をすべて総合的に考えて、どれだけ新たな価値が生み出せているかを測るものです。

一方、効率性はあくまでもある作業を、労力や時間、そして資源の無駄なくこなすことです。「1人の社員が、1日に何個の商品をつくれるか」と言ってもいいでしょう。つまり、付加価値と生産性は売上から計算しますが、効率性は売上とは直結しない概念なのです。

たとえば、誰も求めていない商品を「効率よく」つくることは可能です。しかし、売れない以上、売上がないので付加価値はゼロです。また、1日中、労力・時間・資源を使って、不良品を無駄なくつくり続けることも、「効率がいい」と表現することはできますが、売上にならない以上は、生産性はゼロです。

生産性のないもののことを、無駄と呼ぶのです。

効率性は高いけれど生産性が低い仕事の説明をする際に、私はよく銀行の窓口業務の話をします。

振り込みや送金など、銀行の窓口業務の大半は、ATMやネットを使って客自身ができます。また、コンビニのアルバイトでも（場合によっては日本語が片言の外国人でも）できる、単純な作業です。

しかし、いまだに日本の銀行の店舗には、カウンターに何人もの優秀な日本人女性が座り、その後ろに何をやっているのかよくわからない男性陣が陣取っています。

この光景は、何十年も前から一向に変わりません。

この仕事のしかたは、たしかにかつては合理的だったのかもしれません。しかし今や銀行業務も機械化が進み、さらにITを活用することによって、昔のようなアナログな作業は少なくなっています。昔のように、行員が手でお札を数えて、筆で帳簿をつけ、そろばんで計算し、金額を合わせる必要はもはやありません。にもかかわらず、銀行は明治時代と変わらない人の配置を続けています。

銀行の女性行員たちは、真面目に一所懸命働いていて、作業の「効率」は素晴らしいのです。しかし、残念ながら彼女たちのやっている業務の多くは、遠い昔に、彼女たちのように優秀な人たちがやる必要がなくなった仕事なのです。コンビニの外国人アルバイトでもできる業務を優秀な日本人女性にやらせるのは、無駄以外の何物でもありません。効率性は高いですが、生産性は低いのです。

さらに、この仕事の売上は主に1990年代から継続的に低下を続けている金利によるものですので、効率は変わっていないのに、付加価値はずっと低下を続けています。

銀行の経営者たちは、彼女たちの仕事ぶりの素晴らしさに酔いしれて、いまだに旧態依然たる人材配置を続けています。しかし、もう時代が違います。彼女たちをカウンターに座らせておくのは、時代錯誤、そして無駄です。ある意味で経済犯罪です。

彼女たちは、もっと付加価値の高い仕事ができるのです。今の仕事をやらせるのは「もったいない」のです。

効率性を自慢していても、生産性の向上にはつながらないのです。

第3章

「高品質・低価格」という妄想が日本を滅ぼす……

改革のポイント1

本書では、日本の生産性が低いことを大問題ととらえ、その原因や対策について考えています。残念ながら日本では、経済の規模に酔いしれて、他の国と比較して自分たちの生産性が低いことがあまり広く認識されていないようです。当然、なぜ生産性が低いのかについて、真剣に考えている人はごく少数しかいません。非常に不思議なことですが、事実です。

そのためか、海外と比較して日本の生産性が低い原因を、まったくとんちんかんなところに求めた、的外れな説明や解釈がされているのをよく耳にします。まるで病気の原因がわからないのに診断を下そうとしているのと一緒で、これでは正しい対処ができるわけがありません。的外れな解釈や説明はマスコミでも耳にしますが、適切な理解ができていないのは政府も同じです。

高品質・低価格は本当に「美徳」なのか

前書『新・所得倍増論』を発表したあと、東洋経済オンラインで連載をした際、非常にたくさんのコメントをいただきました。その中に、私の主張に対して非常に衝撃的な内容の反論があったので、ここで要約してご紹介したいと思います。

その反論は、「日本人は元来働き者が多いので、皆一所懸命働くし、手抜きもしません。世界一の技術もあるので、品質も世界一だし、効率もトップクラス」と、こういう前提から始まっていました。この前提が正しいのであれば、生産性が低くなるはずはありません。実際問題として日本の生産性が低いのは事実ですので、どこかに矛盾が生じているのは明らかです。

この矛盾を説明するために、先ほどの意見はこう続いていました。「商品やサービスには問題はない。労働者の問題でもない。生産性は価格を反映するから価格設定に問題がある」「つまり、日本の生産性が低いのは、品質は高いのに、低価格で提供しているのが理由だ」と、このように説明は締めくくられていました。

たしかに、この理屈は机上では成立します。

実は、この投稿以外にも、「日本は質の高い商品・サービスを低い価格で提供するから、生産性が低く見えるだけだ」とほぼ同じ内容の投稿もありました。

また、別の投稿では「品質がよいのに価格を抑えているのは、日本人の美徳で素晴らしいことだ。日本人が一番大事にしているものが、お金ではない証拠だ」「お金を求めるのが西洋資本主義で、お金以上に品質を追求するのが日本型資本主義だ」と主張されていました。日本の1人あたりGDPが低いのは、素晴らしいサービスを提供したり、すごい商品をつくっても、その対価をがつがつと求めていないからだという理屈です。

他にも、高品質・低価格の根源は、要求水準の厳しい日本人の消費者の期待に応えるように、サービス業などで最後の最後の細かいところまで対応しているから、労働時間が長くなる。一方で、働いている割に十分なお金を要求していない。払ってもらえないのではなくて、要求していない。だから、労働生産性は高いけれども、金銭的な生産性、つまり1人あたりのGDPが低くなるというロジックも展開されていました。

総合すると、これらの意見では、日本では「高品質なのに高いお金を要求していないから、生産性が低く見える」、つまり「高品質・低価格」が低い生産性の原因だと言いたいのだと、一応理解しました。そして彼らは、この「高品質・低価格」をいいことだととらえているのもわかりました。

私としては、これらの意見に、2つだけ頷けるポイントがありました。1つは、日本人が毎日長く働いていること。もう1つは、日本人は有能で仕事の質に問題はないということです。

日本人労働者が有能であることは、国際的にも証明されています。国連ほか、各種国際機関が行っている調査でも、日本人労働者の有能さは絶賛に値すると非常に高く評価されています。World Economic Forumの分析によると日本の人材の質は世界第4位。素晴らしい評価です。ここで注目すべき点は、日本はトップテンの国の中で唯一の人口大国ということです。大国の中で

図表**3–1**　OECD諸国の「人材の質」ランキング

ランキング	国名	評価点
1	フィンランド	85.86
2	ノルウェー	84.54
3	スイス	84.51
4	**日本**	**83.44**
5	スウェーデン	83.29
6	ニュージーランド	82.79
7	デンマーク	82.47
8	オランダ	82.18
9	カナダ	81.95
10	ベルギー	81.59
11	**ドイツ**	**81.56**
12	オーストリア	81.52
13	シンガポール	80.94
14	アイルランド	80.79
15	エストニア	80.63
16	スロベニア	80.33
17	**フランス**	**80.32**
18	オーストラリア	80.08
19	**英国**	**80.04**
20	アイスランド	79.74
24	**米国**	**78.86**
32	韓国	76.89
34	イタリア	75.85
44	ギリシャ	73.64
45	スペイン	72.79

（出所）World Economic Forum 2016のデータより筆者作成

は日本に継ぐのがドイツですが、第11位にとどまっています（図表3－1）。

高品質・低価格は生産性の低さをごまかすための屁理屈

私は『新・所得倍増論』を出版し、東洋経済オンラインの連載を持ったあと、初めてこの「高品質・低価格」という理屈について考えさせられました。結論から言うと、この話はいかにも日本的な理屈だと思います。なぜなら、現状を正当化するこじつけだからです。

私の経験上、日本のことをちょっとでも厳しく言われると、敏感に反応してくる人たちが多くいると感じます。特に安倍政権になってから、日本経済を礼賛する傾向が強くなっています。私はこの人たちのことを「全面的無条件肯定派」の人たちと呼んでいますが、彼らに今の話を聞かせてあげると「ほら見ろ、日本人は長時間働いて、すごいものをつくっているのだ」と鬼の首をとったかのように誇らしげに言ってくると思います。

私が金融機関で長年アナリストの仕事をしていたときにも、この種の人たちの存在を痛感しました。

アナリストの仕事は担当している企業の経営実態を調査して、検証する仕事です。そのため、決算短信の検証がかなり大きな割合を占めます。

それとは別に、各社の経営戦略を検証し、その企業の付加価値とその企業の生産性が上がるかどうか、つまり、その企業の将来性を分析する仕事も求められます。

日本人のアナリストたちは、決算短信の検証には非常に優れた能力を発揮していました。私は、この分野では日本人のアナリストたちにかなわないと判断して、この分野で彼らと競うことはあきらめていました。

傾向として、日本人のアナリストやエコノミストは現状分析、時勢の変化の分析などに優れていました。ある意味で知識を重視し、どこまで自分のほうが詳しいのかを競う傾向もありました。一方、構造分析や大きな変革の分析は苦手だと感じます。また、企業の戦略を全面的に肯定する傾向というか、弱点がありました。これが、日本企業の改革がなかなか進まない原因の1つだと感じます。

私が勤めていたゴールドマン・サックスは、日本で言うところの外資系なので、国内の証券会社で働いていたアナリストたちよりは、海外企業の経営戦略を検証しやすい環境が整備されていました。担当していた日本企業を分析する際も、海外との比較が容易にできたので、アナリストとして日本の銀行の経営者などに多面的な提案をしていました。当時は不良債権問題が深刻化しつつあったので、海外の事例にもとづいた構造分析に力を入れ、金融危機への対応策を提案していました。

バブルの直後だったので、当時の日本人アナリストの多くは海外企業のやることに対して否定的で、海外企業の短所を強調するばかりで、長所を認めない風潮がありました。特に1990年代のはじめごろは、「日本企業のほうがすべてにおいて海外の企業より優れている」「海外の企業から学ぶものはない」「日本は海外と違うから」という考えが蔓延していて、海外の企業との十分な比較検討を行う日本人アナリストがほとんどいませんでした。そのため、海外との比較に関しては私の独壇場でした。

しかし、日本の企業や経済そのものに関して、客観的に見た問題点や短所を指摘すると、必ずと言ってよいほど、それらを認めずに現状を正当化したり、構造を肯定したり、その短所を「文化の違い」「西洋の価値観の押しつけ」「日本型資本主義と西洋資本主義の違い」と解釈する抵抗勢力にぶつかりました。

私に言わせれば、細部を見ずに全面肯定するなんて、妄想を抱いているのと一緒です。

こういう妄想を抱いている人は、日本の生産性が他の先進国より低いと聞いても、先ほどのように高品質・低価格などという理屈をつくって、現実を認めようとしません。彼らは「データがおかしい、何かの間違いだ」「日本の経営は特殊で、そもそも基準が違う」などと言いながら、自分の妄想を正当化しようとします。

客観的なデータや証拠を見せられて反論に困ると、今度は「日本は日本のやり方でいい」「西洋の価値観の押しつけは受けつけない」などと開き直ったり、居直ったりするのです。まるで一種の信仰に取りつかれているような印象すら受けます。

別に、そういう意固地な人が、日本人の中にいてもかまいません。しかし、学者や企業の経営者、官僚、さらにはマスコミなど、社会的な影響力の強い人の中にまで同じタイプの人が少なくないのは、ある種日本の特徴ですが、いかがなものかと思います。

社会的影響力の強い人のことを英語で表現すると「They should know better」となります。文字どおり、彼らは物事をもっと勉強し、よく知るべきです。

ワーキングプアや子供の貧困が増えた今の制度を全面的に正当化し、冷静な検証を拒み続けるだけでは、進歩が遅れ、発展も望めません。事実、不良債権の問題が表面化した時期でも、非建設的な議論と正当化の連発で解決がかなり遅れ、不良債権処理に必要な損失が大きく膨らんでしまいました。

改善点を真っ向から否定したり、現状を正当化することに力を注ぐのなら、もっと建設的にさまざまな指摘の中からヒントを探して、日本経済のプラスになるように考えるべきではないでしょうか。

必死でこじつけの理屈を考え出して変化を妨げるのではなく、その分の力を日本経済の建設的な発展に注げば、日本経済はどこまでも栄えて、どこまでも素晴らしいものにできるのにと、いつも残念でなりません。

ここからは、なぜ私がこの「高品質・低価格」という理屈を肯定できないかを、多面的に説明します。

高品質・低価格は「人口増社会」でしか通用しない

高品質・低価格を日本人の美徳ととらえる考え方は、一応、頭で理解はできますが、現実に即して考えると、無責任だと言わざるをえません。日本でこの高品質・低価格が成り立ってきたのは、ひとえに人口が増え続けていたからです。

「いいものを安く」という戦略は、経済学の教科書通り、価格を下げたらそれ以上に需要が喚起されることが前提です。人口が大きく増えている時代には、まさに賢い戦略だと言えるでしょう。

しかし、人口が減少に転じているのに、いまだに高品質・低価格を褒め称え、続けようとするのは、無責任以外の何物でもありません。こういった無責任は人口増加時代の名残だと思います。よくよく検証すると、多くの「日本的」と言われていることの裏に、この「人口増加」という前提が隠れています。

先進国にとって人口が増加するメリットは非常に大きく、仮に経済や社会の中にさまざまな問題が隠れていても、人口増加によってそれらが緩和され、大きな問題として顕在化しません。そのため、見逃してはいけない問題を看過してしまうことがあります。

日本の学者は、かなり昔から米国の資本主義や社会の問題点を指摘して、米国経済の崩壊や沈没を予言してきました。しかし、米国経済は今も成長を続けています。

多くの学者は、商品の品質や労働者の勤勉性、社会制度などの点で、日本が米国より優れていると主張し、これらを根拠に「これからは日本の時代がやってくる」と今でも本に書いています。

たしかに、日本の社会制度は素晴らしいと思います。私は母国英国を離れて、一旦米国に居を移し、その後、日本で暮らすことを選んだくらいなので、日本の社会制度は総じて素晴らしいと、心の底から思っています。

日本の社会制度は、本当に米国より優れています。しかし、それと経済は別の話です。実際、日本経済が米国経済に比べて、ここ何十年も縮小しているのは事実です。

米国と日本の経済成長に大きな違いができたのは、人口動態の違いに主な要因があります。米国の人口は常に増加していて、とどまるところを知りません。米国は質ではなく、量で勝負しているから、沈まないのです。ですから、その人口動態を十分に理解していない学者の予想が外れるのは、不思議なことではありません。


余談になりますが、私は先進国各国の相対的なGDPの規模と成長の違いは、人口にその主因が求められると考えています。ただし、これはあくまでも先進国の中の、あくまでも相対的な規模と成長に限った話です。このことは誤解がないよう必ず前置きとして説明しています。

しかし、一部の学者の中には「人口動態と経済成長率は関係ない」と無責任な反論を書いてくる人がいます。彼らの主張は「ロシアは2009年までの15年間にわたり、ずっと人口が減っていた。それにもかかわらず、経済は成長していた。だから、人口動態と経済成長率は関係ない」というものです。

たしかに、ロシアでは人口が減っているのに、経済は成長しました。しかし、ロシアは先進国ではありません。IMFが発表した2016年の1人あたりGDPは8929米ドルと、きわめて低い水準です。

途上国の場合は、人口が減っても、資本の増強やイノベーションなどによって、相対的な成長率を伸ばすことができます。

ロシアのような特殊な例を持ち出して、「人口動態と経済成長は関係ない」と当てつけのように反論してくるのは、陰湿としか言いようがありません。

ちなみに、海外の論文でも「経済成長と人口には相関関係がない」と書かれていることがあります。しかし、詳しく読み込んでいくと、その多くが実は「生産性向上と人口には相関関係がない」という意味でした。

高品質・低価格は「労働者の地獄」を生み出す

さて、ここからはとりあえず、日本人がつくる商品の品質と国際競争力は高いということにして、話を前に進めましょう。

まずは「いいこと」だとされている高品質・低価格を維持すると、どういうことになるか、考えてみます。

高い品質を保つためには、労働者は長時間、集中力を保ちながら、高い技術を駆使して働くことが求められます。労働者の負担は大きく、大変疲れることでしょう。

しかし、そうやって精魂込めてつくったものを、安い価格でしか売らないのが「高品質・低価格」です。価格が低く設定されているので、労働者の所得も低くならざるをえません。一所懸命働いているのに、その労働者の潜在能力と費やした労力に見合った給料、つまりもらうべき給料がもらえないのが高品質・低価格です。

発展途上国の特徴は、物価が安い一方、所得も低いことです。途上国の場合、教育や福祉、さらに資本や高度な技術などが備わっていないので、付加価値の低いものしかつくれず、国民の所得が低くなってしまう。これは、ある意味しかたがないところがあります。

しかし、日本は先進国です。先進国でありながら、給料面では途上国の労働者と同じ状況に追いやられているとしたら、日本は労働者にとって地獄だとしか言いようがありません。

日本は一見、国として栄えているように見えますが、さまざまな調査で明らかなように、国民の幸福度は非常に低いです。栄えている先進国の国民が不幸だというのは、本来おかしな話です。しかし、高品質・低価格を「いいこと」だと肯定して続けていれば、国民の幸福度が低くなってしまうのも当然です。

高品質・低価格を追い求めた結果、給料が上がらず、ワーキングプアや子供の貧困を生み出しているのです（図表3−2）。それのどこが「いいこと」なのでしょうか。給料が上がらないた

図表3-2 ワーキングプア比率の国際比較

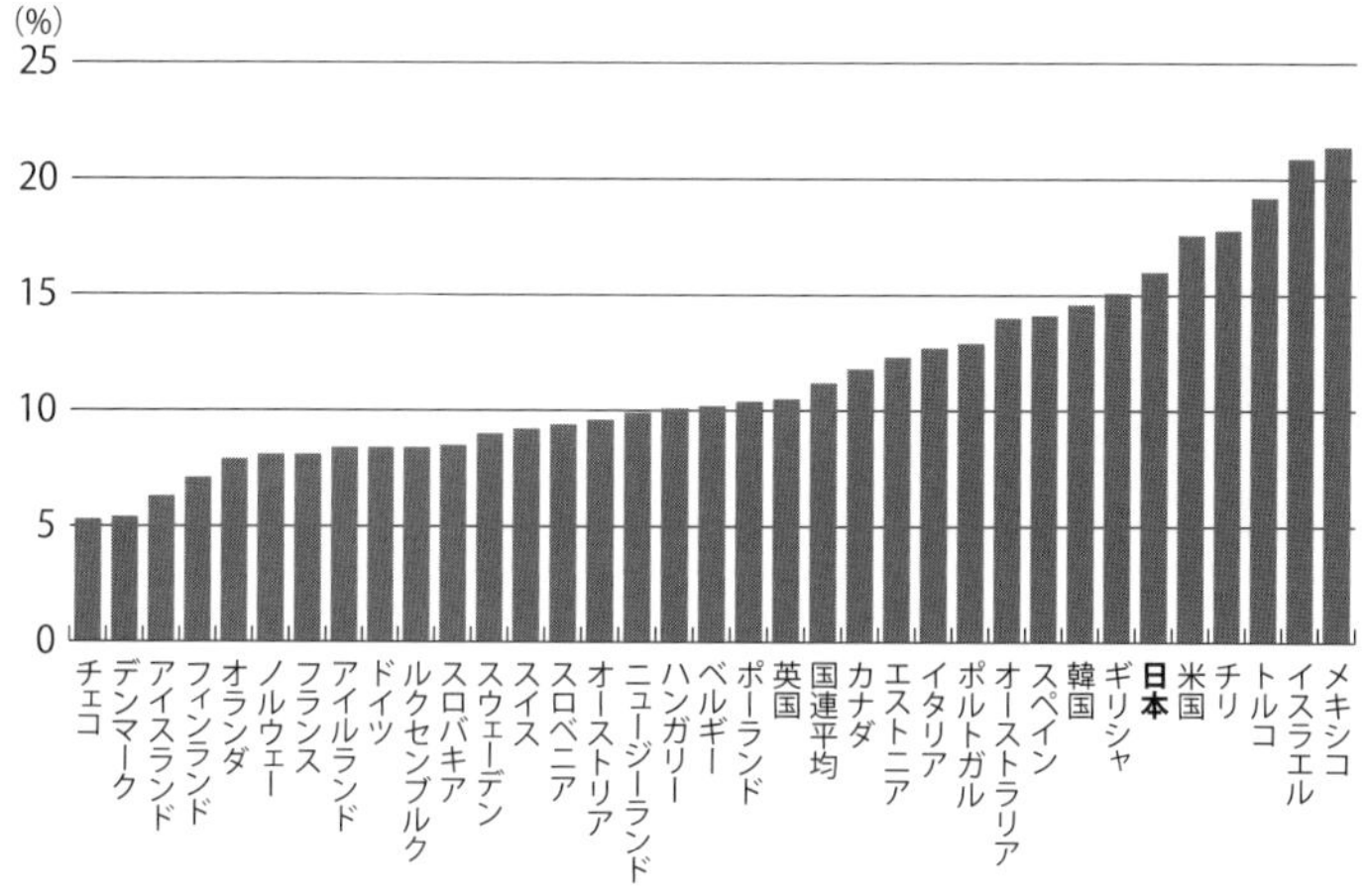

（注）データは2012年が中心だが、国によって異なる
（出所）国連データより筆者作成

め税収も増えず、年金制度も医療制度も維持が難しくなります。高品質・低価格が日本の美徳だというなら、いったい誰がそれによってメリットを受けているかを説明してほしいものです。

先進国として胸を張れる世界最高水準のものづくりが求められ、それに応えているにもかかわらず、先進国の最低水準の所得しかもらえない。これが日本という国です。

自殺率が高く、人生に満足できない人が大勢いるのも当然です。

労働者にこんな負担をかける経営者は、犯罪者だと言っても言い過ぎではありません。そして、こんな経営者を黙認している日本政府も同罪です。

自国の労働者の首を絞める日本の消費者

「質の高いものが低価格で手に入るのなら、それでいいではないか。日本の消費者はそれで満足している」という声もありますが、これも見当違いな意見です。

こういう主張をする人は、日本人の意見を調査したことがあるのでしょうか。おそらく、こじつけか、お得意の決めつけだと思いますが、その件はおいておいて、仮に彼らの言い分が事実だとしましょう。

人口が増えている時代には、新しい需要が文字どおり毎日のように生まれますので、価格を下げれば売れる量が増えて、それほど問題になりません。

しかし、人口が減少するこれからの日本で不当に安い価格を求めると、消費者は自分で自分の首を絞めることになります。価格を下げても需要は喚起されませんので、質の高いサービスや商品を不適切に低い価格で求める行為は、そのサービスや商品を提供している労働者の所得を下げることにつながります。

その分だけ、国内の需要が減り、そのしわ寄せが、ゆくゆくは低い価格を求めた消費者のところへ巡り巡って返ってきます。人の所得を下げている人は、自分の所得も下げることになるのです。これが、まさしく今までの日本を苦しめてきたデフレです。日本の消費者は、そんなことまでして自国の労働者をいじめたいのでしょうか。そんなに貧困に陥りたいのでしょうか。デフレに関しては第5章と第6章でも考えていきます。

海外では、こういう自国民いじめの例を見ることはまれです。もちろん、ユニクロのように商品価格を下げるために人件費の安い海外に生産拠点を移すことはあります。それによって国内の仕事が減り、短期的に職を失う人もいないわけではありませんが、だいたい代わりの仕事に転職できますし、給料水準も上がりますから、大きな問題にはなりません。なおかつ、生産拠点を移した国の所得水準も徐々に上がっていくので、長い目で見れば世界経済全体にプラスの効果をもたらします。

日本のように、消費者の数が減っている国内で、以前と同じ商品を同じようにつくっているにもかかわらず、イノベーションもせずに価格だけを下げさせ、その結果として自国民同士で所得の下げ合いをしている国は他にありません。日本独特の文化というか、現象です。

海外の場合、イノベーションの結果として価格が下がることはありますが、まったく同じ商品の価格を、労働者の所得を下げる形で、労働者を酷使して下げることは、きわめてまれな現象です（この理由は第6章で考えます）。

高品質・低価格は「伝統的な価値観」ではない

そもそも、高品質・低価格は本当に、伝統的に日本に根付いた価値観なのでしょうか。

たしかに、日本には高品質・低価格のものが多いとは思いますが、昔からそうだったかというと疑問です。日本と海外の生産性の差が広がり始めたのは1990年代で、その前から大きな差が開いていたという事実はありません。

図表2-4（66ページ）にありますように、1990年代以前には、日本人の1人あたりGDPが米国を上回っていた時代が長くあったという事実もあります。バブルが終わるまで、日本の物価が異常に高いのは誰もが知っている事実でした。オックスフォード大学で受けた日本経済史の授業では、戦後日本は輸入を制限し、国内の価格を高くして、その基盤をベースに海外輸出を展開していたと学びました。

「高品質・低価格の考え方は日本文化だ、日本の伝統だ」と主張する人たちは、1990年以前の状態をどう説明するのでしょうか。私には、高品質・低価格が日本の文化や、伝統的な日本的経営に起因しているとは思えません。

日本に溢れる「高品質妄想商品」

日本の生産性が低いのは本来の価値より安く売っているだけで、本当はもっと付加価値が高いという理屈が正しいとするなら、「やろうと思えば価格を上げられる」はずです。私も、日本の商品やサービスの中には、実際、高品質なのに低価格で、やろうと思えばより高い価格を求められるものが、かなりたくさんあると思います。しかし低価格のもの全部がそうかと問われると、首を傾げざるをえません。

生産性が低いことを正当化するためにつくられた「日本は高品質・低価格」という理屈は、よくよく考えると、すべての商品やサービスに高い本質的な価値があると肯定した上で、問題があるのは価格だけだと主張しているのですが、これはきわめて危険な理屈です。

日本の生産性を上げるためには、価格を高くする必要があります。本当に本質的な価値が高いのに価格が低いことだけが問題なら、日本の経済政策は簡単です。本質的な価値に見合うように、価格を上げればいいだけだからです。

通常、価格を上げるにはイノベーションなどによって付加価値を高め、その対価として価格上昇を正当化するのが一般的ですが、高品質・低価格だという指摘が正しいならば、低価格のものやサービスの価格の引き上げは簡単に正当化されます。

しかし、今の低価格のものの中には、そもそも価格を引き上げられない品質のものが多く含まれていると感じます。要するに、値段のわりにはよいとしても、価格を引き上げることができない以上、高付加価値ではないと認識する必要があるのです。

私は、このような「値段のわりにはよいとしても、価格を引き上げられない商品」のことを「高品質妄想商品」と呼んでいます。高品質妄想商品は、大きく以下の6つに分けられます。

（1）求める人がいなくなっている「ちょんまげ」高品質・低価格
（2）誰も求めていない高品質・低価格
（3）適切な価格にすると「やらなくていい」と言われる高品質・低価格
（4）供給側が勝手に高品質と思い込んでいる「なんちゃって」高品質・低価格
（5）消費者を「洗脳」した高品質・低価格
（6）低価格がもたらす「妄想」の高品質・低価格

これからの時代は、日本の商品やサービスを検証して、この6つの高品質妄想商品を改める作業が不可欠になっていきます。

求める人がいなくなっている「ちょんまげ」高品質・低価格：高品質妄想商品1

第2章で議論したように、日本では、効率性と収益性と生産性など、物事をごちゃ混ぜにして議論する傾向があります。これでは建設的な議論はできません。

高品質・低価格を考える際にも、要素に分けて別々に考えていかなくてはいけません。そもそも高品質とは何を指すのか、どういう状態を言うのか、この点を考えてみましょう。

まず、高品質・低価格であるかどうかに関係なく需要が減っているものがあります。

たとえば明治初期、どんなに腕のいい「結い師」がどれだけ価格を下げても、「ちょんまげ」を結うサービスの需要はどんどん減っていきました。私はこのような商品・サービスを「ちょんまげ」高品質・低価格と呼んでいます。

日本の人口が減少し、消費者の数も減っていますので、その影響を受け、住宅や自動車などの需要は減少します。さらに世代間の嗜好の違いによって、アルコールやタバコなどの需要も減っています。

このように、時代や世代構成の変化によって、需要が消えることがあるのです。どれだけ高品質・低価格でも、それは関係ありません。昭和の時代にできた団体向けホテルなどは、その典型でしょう。

こういった商品・サービスの場合、供給側がどれだけ継続したいと思っても、諦めてもらう以外に対応のしかたはありません。

誰も求めていない高品質・低価格：高品質妄想商品2

先日、某有名ホテルの経営者と意見交換をした際に、「日本のホテルのサービスの質は世界一だ」という説明を受けました。

この経営者は、海外出張が多く、訪れた国で一流ホテルに泊まるたびに、自分のホテルと比べてサービスの質をチェックするのだそうです。彼のホテルでは、シーツをピーンと張って、100円玉を投げると跳ねるようにしているのだそうで、それができるのは自分のホテルしかないと、かなり自慢げに説明してくれました。

また、彼のホテルでは、ベッドの下の真ん中まで掃除することを徹底しているらしいのですが、海外ではそんなところまできれいに掃除しているホテルはないとも教えてくれました。

このように、彼のホテルでは、海外の一流ホテル以上のサービスを提供しているけれども、価格は海外のホテルほど高くは設定していない、つまり高品質・低価格だと勝ち誇った顔でおっしゃっていたのが強く印象に残っています。

しかし、１００円玉がトランポリンのように跳ねるくらいピーンと張ったシーツや、めったに見ないベッドの下の真ん中部分をきれいにするのが、一般の宿泊客がホテルに求める高品質なのでしょうか。大変疑問です。

ここでのポイントは、「求められてもいないものが高品質だとして、それに価値があるのか」という点です。

シーツをトランポリンのようにピーンと張るのは、高品質と言えば高品質です。しかし、本当にお客はそんなものを求めているのでしょうか。直接お客に聞いてみたり、調査したことはあるのでしょうか。

先ほどの経営者の話では、シーツをピーンと張っているからといって、高い料金を請求できているわけではありません。つまり、ピーンと張ったシーツには、生産性もなければ、付加価値もないのです。

一度座ってしまえば、その瞬間になくなるシーツの張り具合のために、過酷な労働をさせられている労働者がいます。ピーンとシーツを張ったからといって、彼らのお給料が増えるわけではありません。一所懸命にやっているのに、やっていることに生産性も付加価値もないとしたら、哀れ以外の何物でもありません。これはある意味、無駄な努力です。すごい技術だとは思いますが、それに1万円払う人がどのぐらいいるでしょうか。1000円でも疑問です。

仮にこれを高品質だと認めたとしても、海外のホテルでは価格に上乗せされている、他の面の品質はどうなのでしょうか。

日本のホテルの多くでは、当日宿泊する予定のお客さんでも、午後3時にならないとチェックインできません。たとえお客さんが朝一に到着しても、たとえ部屋が準備できていたとしても、部屋へは通してくれないことが多いのです。コネでもない限り、ホテル側が決めたルールどおりにしか動いてくれず、お客側からの要望になかなか臨機応変に対応しません。それは、日本のホテルでは採算がとれる稼働率を高く設定しているため、空いている部屋が少ないからだそうです。

一方、海外ではサービスの分を価格に上乗せすることで、採算がとれる稼働率をより低くしているそうです。早くチェックインできるアーリーチェックインや充実したルームサービスなどは、より高い料金がとれます。付加価値が認められるからです。

人によって好みも違いますが、お客が困っているときに臨機応変に対応してくれることと、一度座れば崩れてしまうシーツの張りと、どちらがお客の求める高品質のサービスなのか、どちらに生産性があるのか、きちんと考える必要があります。

時差ぼけで夜中に目が覚めたお客さんが希望しても、時間外だからといって対応しないルームサービスと、ベッドの下の真ん中まできれいにする行き届いた掃除と、どちらにおもてなしの心と価値を感じるでしょうか。口コミサイトでこのホテルの評価を見てみたところ、シーツについては言及がありませんでしたが、ルームサービスやコンシェルジュに関する不満は多く見受けられました。

他のホテルの話になりますが、丁寧なお辞儀など、おもてなしの素晴らしさを自慢している割に、そのホテルではネット予約もできず、カードやモバイルでの決済もできませんでした。こういうホテルを本当に高品質ということはできるのでしょうか。「お客様は神様」と言いながら、お客に現金の用意を強制する。そこに「おもてなしの心」はあるのでしょうか。

このホテルは、部分的には高品質だと認められるところもありますが、お客が価値を認めないところに勝手に価値を見出す自己満足的なところがあります。ズレているのです。低価格になっている理由は、お客が本当に求めていることが実は低品質で、総合的に見ると高品質とは言えないからです。私が社長を務めている小西美術工藝社の世界でたとえれば、高い技術を使ってつくった不細工な工芸品と一緒です。こういったとんちんかんなことが起こるのは、お客が本当に何を求めているかを、きちんと分析していないからでしょう。

こういった商品・サービスは、市場のニーズを冷静に分析し、そのニーズに合わせた形へと調整することが求められます。

適切な価格にすると「やらなくていい」と言われる高品質・低価格：高品質妄想商品3

日本では、お客に求められていないところで、不必要に高いレベルのサービスが提供されている例が少なくありません。ドライバーの過剰な負担が話題になった、宅配便業界がいい例です。

日本では、当日配送も時間指定も当たり前ですが、値段はきわめて安く設定されています。ドライバーは暑くても寒くても走る、とにかく走る。不在の場合、いつでも再配送をしてくれます。

つい最近まで、この至れり尽くせりの宅配サービスは、「世界中どこを探しても見当たらない、日本ならではの素晴らしいサービスで、どこも真似ができない、なおかつ安い！」と絶賛されていました。

しかし、人口が減少し、ドライバーの確保が厳しくなり、これまでのような至れり尽くせりのサービスを継続するのは難しくなっています。

同じ日に何回も届けようとしているのに、不在で受け取ってもらえないことが多く、再配達をしなくてはいけないことが、ドライバーたちの大きな負担になっていると聞きます。

ここはひとつ、冷静に考えてみましょう。不在で受け取ってくれないお客が多いということは、実は多くのお客は荷物の受け取りを急いでいないのではないでしょうか。なぜなら、荷物を早く受け取りたいのなら、家で待っているはずだからです。

お客が急いでいないのだとしたら、「急がない便」をつくったらいいのではないかと言うと、皮肉にすぎるでしょうか。結構、人気が出そうだと思います。

消費者はこれまでの宅配便のサービスに慣れきっているので、「その高品質・低価格の条件でやってくれるなら、使うよ」と言うでしょう。しかし、一旦「これだけ至れり尽くせりのサービスを提供しているのだから、それなりのお金を払ってください」と要求すると、「お金がかかるなら、そこまでしなくていい」というお客も少なくないはずです。

宅配便は、仕事としてはかなり過酷な労働を強いられます。しかし、価格が安いため、給料は安く抑えられています。

宅配便を届けている人たちの大変さがニュースになって、「かわいそうだから、急がなくていい」「そもそも、そんなに急いでいないから、ゆっくりでいい」という声が一部の消費者から、宅配便の業者へ届けられているようです。

このようによくよく考えてみると、今まで至れり尽くせりの粋をきわめていた宅配サービスが、実は、そもそも消費者側が求めていたものではなかった、単なる過剰サービスだったことがわかります。

先ほど、日本の宅配サービスは、「世界中どこを探しても見当たらない、日本ならではの素晴らしいサービスで、どこも真似ができない」と称賛されていたと説明しました。たしかに、おそらく日本以外では真似できないサービスかもしれませんが、そもそも日本でも求められていないサービスだったのです。合理性に欠けているため、真似できないのではなく、真似しなかっただけという可能性もあります。

携帯電話の世界では、日本独自の進化を遂げた結果、世界標準になり損ね「ガラパゴス」と揶揄された日本ですが、この宅配便も同じく「ガラパゴス」化しがちな日本の風潮が生んだ過剰サービスでしかないのです。

ここで1つ大事なポイントを指摘しておきます。

付加価値の高いサービスや商品は、それに見合った対価を求めることができます。しかし、どんなに高品質であっても、お客が求めていないサービスや商品では、対価はもらえません。対価がもらえないということは、付加価値は大したものではなく、生産性もないのです。お客が求めてこそ、付加価値は生まれるのです。

日本で対価のもらえないサービスや商品の品質にこだわることができたのは、つきつめて考えると、ひとえに賃金が安すぎるからにすぎないのです。

このようなケースでは、ビジネスモデルの中でどこに弱点があるのかを分析する必要があります。特に、人口減少によって賃金が上昇するはずですので、低賃金でないと成立しない商品・サービスの場合、対応は急務となります。

供給側が勝手に高品質と思い込んでいる「なんちゃって」高品質・低価格：高品質妄想商品4

次に、供給側が高品質だと言っているものが、本当に高品質なのかという点も非常に重要なので、確認しておきましょう。供給側が勝手に高品質だと思っているだけではないかという観点です。

私が見る限り、日本ではある種の思い込みで、データで確認をとることもなく、意思決定をしたり、行動したりする人が少なくありません。

たとえば消費税が引き上げられたとき、「日本の消費者は値上げを認めてくれないから、引き上げ分を価格に転嫁できない」と発言している商店やメーカーの人の姿をテレビでよく見ました。はたしてこういう発言をしていた人たちは、実際に消費者に聞いてみたことがあるのでしょうか。きわめて疑問です。自分がそうだと思っていることを、あたかも消費者全員の気持ちだと思い込んでいたにすぎないのではないでしょうか。

アナリストとして働いていたころから、つくづく「日本は本当に根拠の検証をしない国だ」と思っていました。1990年代から日本政府のさまざまな委員会にかかわり始め、その思いは一層強くなりました。委員会の会議では、物事が感覚的に話されていて根拠も求めず、その根拠を検証することも当然ありませんでした。

昔と違って今はビッグデータの時代です。データはいくらでも、なおかつ簡単に入手できます。調査もちょっと前では考えられないぐらい、簡単にできるようになりました。コンピュータ技術の発展によって、相当高度な分析でも簡単にできるようになっています。

このように、今は簡単に調べることができる時代なので、勝手な解釈や推測はほぼ不要です。にもかかわらず、調べてもいないのに、いまだに「日本の消費者はその価格を払わない」「そのサービスを求めていない」「日本の消費者はこう考えている」などという、検証されていない意見を耳にします。当事者にすぐ確認できるのに、相変わらず勝手な決めつけが横行しているのです。

勝手な決めつけや思い込みがはびこっている現場は、観光戦略立案の際にも目撃しました。一時期、政府が主体となって「日本のおもてなし」「日本の精神性」「手先の器用さ」「四季」などを、日本観光の魅力だと決めつけて、海外に発信していたことがありました。

私は自分自身が外国人ですから実感としてわかりますし、海外の一流大学が行った調査の結果でも明らかなように、日本を訪れる外国人のほとんどは、政府が発信していたようなものを日本の魅力とはみなしていませんし、ほとんど気にもしていません。したがって、そんなものを発信しても海外から観光客を誘致することはできません。誰が何を根拠に外国人に響くと判断したのか、そのプロセスに非常に興味があります。

観光戦略に関係のない一般の人が、外国人がそういうものに惹かれると思い込むのは別に罪もないのでかまいはしません。しかし、観光戦略の立案にかかわる人たちや、観光業に携わっている人たちが、当事者に聞いてもいないのに、「外国人にとって日本の魅力はこれだ」と勝手に決めつけて物事を決めてしまっているのは問題です。

そもそも出身国や年齢、性別、収入や趣味によって日本に求めるものは違っていてしかるべきです。訪日観光客を「外国人」と十把一からげにはできません。ちょっと考えれば、アジアの観光客と欧州の観光客のニーズが違うのはすぐわかるでしょう。同じアジアでも、韓国とシンガポールと中国の客もそれぞれ違います。

さすがに、最近は改善されましたが、ちょっと前まで、このように調査も分析もせずに、外国人のことがよくわかっていない日本人同士が集まって、決めつけと思い込みで観光政策が決められていたのは紛れもない事実です。

今後、日本人の消費者は確実に減少することから、外国人に買ってもらう必要性が高まります。そのため、商品・サービスの競争力を客観的に再評価する価値は高いと言えます。

消費者を「洗脳」した高品質・低価格：高品質妄想商品5

高品質・低価格でいいのか。当事者である大半の日本人が、本当に納得しているのか。この点も、決めつけと思い込みですますことなく、きちんと検証しなくてはいけません。

日本では英語で言う「product out」、供給側の押しつけが多く見られます。

たとえば、日本の旅館のシステムは押しつけの典型例です。日本の旅館では、チェックインやチェックアウト、就寝、起床、食事、そしてお風呂に入る時間まですべてを、旅館に都合のよい時間にお客が合わせるようになっています。食事の内容も、旅館側が決めます。お客のほうも、この仕組みに慣れているからなのか、文句を言うことは少ないようです。

しかし、お客側が旅館の都合に従わなくてはいけない仕組みは、「product out」以外の何物でもありません。もちろん、旅館は日本にしかない文化ですし、日本でしか通用しない慣習です。こういった「product out」の商品やサービスが横行する現象は、人口が大きく増加している国でよく見られます。

観光戦略にかかわっていると、「日本に来ている以上は、訪日客も日本のルールに従うべきだ」という意見をよく耳にします。そのときに使われるのが「郷に入っては、郷に従え」という日本の故事です。

この言葉は、本来、旅をする人の心得を説いたもので、供給側のものではありません。訪日外国人が自らを律するときに使うべき言葉で、供給側の日本人が言うべきものではありません。

しかし、日本では、この言葉を供給側が「自分たちのルールに従え」という意味に曲解し、本末転倒な使い方がされています。本来であれば、供給側は来てくださったお客の旅を快適にするよう、さまざまな工夫をすることが常識です。しかし、日本ではなぜか、お客のほうが供給側のルールを無条件に守るよう、押しつけられるのです。

ルールは原則守られるべきものですが、供給側のルールの中には、住民ではない外国人観光客が守れないルールもあれば、知らされていないのでそもそも守りようがないものも含まれています。知らなければ、守れなくても当たり前です。知らないルールを守るのが常識だと言われても、日本で教育を受けた日本人ならいざ知らず、海外から来た観光客には理解できません。

立場を変えて、海外を旅行している日本人の様子を見てみても、彼らも実は訪問国のルールのすべてが守れているわけではありません。大きな問題にならない程度であれば、ルール違反も受け入れ側が大目に見てくれているので、ルールの存在自体に気がついていないだけなのです。

別な言い方をすれば、売る側が買う側に合わせるのが世界共通のルールですが、日本では買う側が売る側に合わせるのが当然だと考えられているようです。これは人口増加とともに需要が急増し、供給側の立場が強かった時代の名残です。

こういう押しつけルールを黙って受け入れている日本人を見ると、日本人は従順な消費者になるよう教育され、実は、供給サイドから提供されるものが本当に高品質なのか、自分たちでは判断しないようにコントロールされているのではないか、とすら思います。

こういった商品・サービスは、人口減少にもっとも弱いと言えます。すでに日本人の消費者も離れつつあり、需要が激減しています。

低価格がもたらす「妄想」の高品質・低価格：高品質妄想商品6

消費者は、価格が安くなればなるほど、クレームが言いづらくなります。そのため、供給側が顧客満足度調査をすれば、よい結果が出やすくなります。たとえその商品の付加価値に問題があっても、価格を下げることによって満足度を上げ、結果、品質も高いのだと勘違いさせているということもありえます。

最近のホテル業界を見ればよくわかります。ここ数年、日本のホテルの価格は上昇傾向にあります。あらためていうまでもなく、価格が上がればお客の要求水準が高まりますし、評価する目は厳しくなります。事実、トリップアドバイザーなどを見ると、宿泊費が高ければ高いほど、そのホテルに対する国内外からのクレームは増えています。設備が豪華になったとはいえ、人によるサービスは変わっていない。安い価格では評価されるサービスが、高くなると強烈に批判される。「おもてなしがよい」と評価されていたのは、実は価格が安いからにすぎなかったというホテルは、枚挙にいとまがありません。

自分たちのホテルが高品質のサービスを提供していると信じている経営者は、お客から本当に自分たちのサービスの付加価値が認められているか、一度、自分たちが考えるサービスの価値にふさわしい水準まで宿泊費を目一杯上げて、それでもお客さんが来てくれるか、満足してもらえるか、確認してみるべきです。高品質を訴えるならば、妥当な価格設定に耐えられるはずです。その価格にしないと、消費者の本音を聞くことはできません。

高品質・低価格は、ある意味で逃げ口上にも聞こえます。誰も求めていないことにこだわって、自己満足になっている商品は生産性が低く、お金を生み出しません。しかし、高品質・低価格だと言い張ることはできます。要は、値段でごまかしている。独りよがりなのです。

こういった商品・サービスの場合、まずは支払ってもらいたい金額を決め、今の付加価値の水準はその金額に耐えられるかを検証すべきです。

これまでの説明には、最近、私が観光業界で目にした例を使ってきたので、私の観察が偏っているように思われるかもしれません。しかし、それは、ここでの説明に私が最近目の当たりにした例を使っただけのことです。金融業界にいた時代も同じような思いを抱いていましたし、事例もたくさん知っています。また、ビジネス以外の場面でも、似たようなことが起きていることも知っています。

日本は生産性が低いので、付加価値の低さを説明する例はいくらでも見つけることができます。もちろん、本当に付加価値が高く、より高い価格設定ができる商品やサービスもたくさんあります。

しかし、現実問題として、日本では高品質を誇っていても、実は価値が低い（またはない）ため価格を引き上げられず、そして労働者地獄をつくり出している商品やサービスが相当な割合にのぼります。でなければ、生産性でこんなに海外に差をつけられてしまうことはありえないのです。

高品質・低価格であれば日本は「輸出大国」になっているはず

本当に商品やサービスの品質が高く、かつ価格が安いなら、日本はもっと海外に輸出できていてしかるべきです。世界の誰もが認める高品質・低価格ならば、海外からの需要がものすごいものになるはずだからです。

また、日本は経済の規模が大きいので、たくさんの商品やサービスがそろっています。それに比例して海外に輸出できているとすれば、輸出額は世界トップクラスになるはずです。

現実はどうでしょうか、検証してみましょう。

本書でも何度も繰り返していますが、日本は人口が多く、かつ先進国なので、総輸出額が大きいのは当然のことです。しかし、それだけでは、決して輸出が強いという根拠にはなりません。実際、日本の輸出総額は世界第4位ですが、1人あたりの輸出額は第40位です。

日本の輸出が1人あたりで見ると少ないことを指摘すると、おそらくまた「価格設定が低いから、輸出額が少なくなってしまうのだ」と反論が来ることでしょうが、しかし、その論は理屈が通りません。

「高品質・低価格だから、輸出額は十分ではないかもしれないけれど、輸出量は多い」という反論が正しいのか否か、営業活動の状況などを見れば検証ができます。

たとえば、輸出大国の場合、世界のスタンダードで見ると、輸出を可能にするためにビジネスパーソンの出国数が増えます。しかし、日本は営業で海外に出かける人数が少ないですし、ビジネスで日本に来る人の数も、人口対比で見ると非常に少ないです。このことは、日本人の海外渡航者の数を見れば一目瞭然です。輸出の多い国は、当然国民に占める海外渡航者の数が多くなりますが、日本はかなり少ないのが実態です。つまり、日本の行っている輸出のための営業努力は、世界水準に照らすとかなり低水準なのです。

また、「価格が低いから輸出総額は多くならないが、輸出量は多い」という話が本当かどうかは、輸出に使われている船の隻数を見れば検証できますが、そこでも日本が多くの輸出をしている事実は確認できません。

日本では、これまで人口が増え、その分、国内の市場が成長していたため、国内マーケットだけを相手にしていれば十分で、この何十年間は輸出を積極的に進める必要がなかったのかもしれません。米国の輸出がＧＤＰ対比で少ないのも、理由は同じでしょう。

しかし、これからも人口が増え、国内マーケットが拡大する米国とは違い、日本では人口減少が始まり国内市場が縮小します。輸出を増やさなくてはいけない時期に来ています。本当に高品質・低価格なのかどうかは、輸出が順調に伸びるか否かでも、これから試されることになるのです。

1つだけ、心にとどめておいていただきたいことがあります。これから急増する年金や医療の負担を考えれば、外国人によいものを安く売るメリットは一切ありません。

必要なのは「高品質・相応価格」

労働者の立場から見ると、高品質・低価格は地獄です。給料に反映されないのに、長時間、真面目に働くことを強制され、追い詰められるだけです。

人口が増えて余裕があった時代には、それも可能だったでしょう。人口が増えている時代では、人が溢れていたため、無駄な仕事をさせられていても労働者は我慢していました。しかし、今からは人が減って、人材の価値が上がります。経営者に無駄な仕事をさせられており、労力のわりに安い賃金しかもらえないとわかれば、労働者はその会社を去っていくことになります。考え方として、高品質・低価格は理想ではあります。しかし、すでに日本にはお腹を空かせながら理想を追いかけている余裕はありません。

日本の商品は、高品質かもしれませんが、高付加価値ではないところに問題があります。非常に残念なことですが、事実です。でなければ、日本の生産性がこんなに低いはずはないのです。

高齢化が進み、多額の借金を抱えて、社会保障が充実しているこの国に求められているのは、高品質・低価格ではなくて、高品質・相応価格なのです。

第4章

「女性」をどうにかしないと生産性は上がらない……

改革のポイント2

図表4-1　女性の「経済参加度」が高い国は生産性も高い

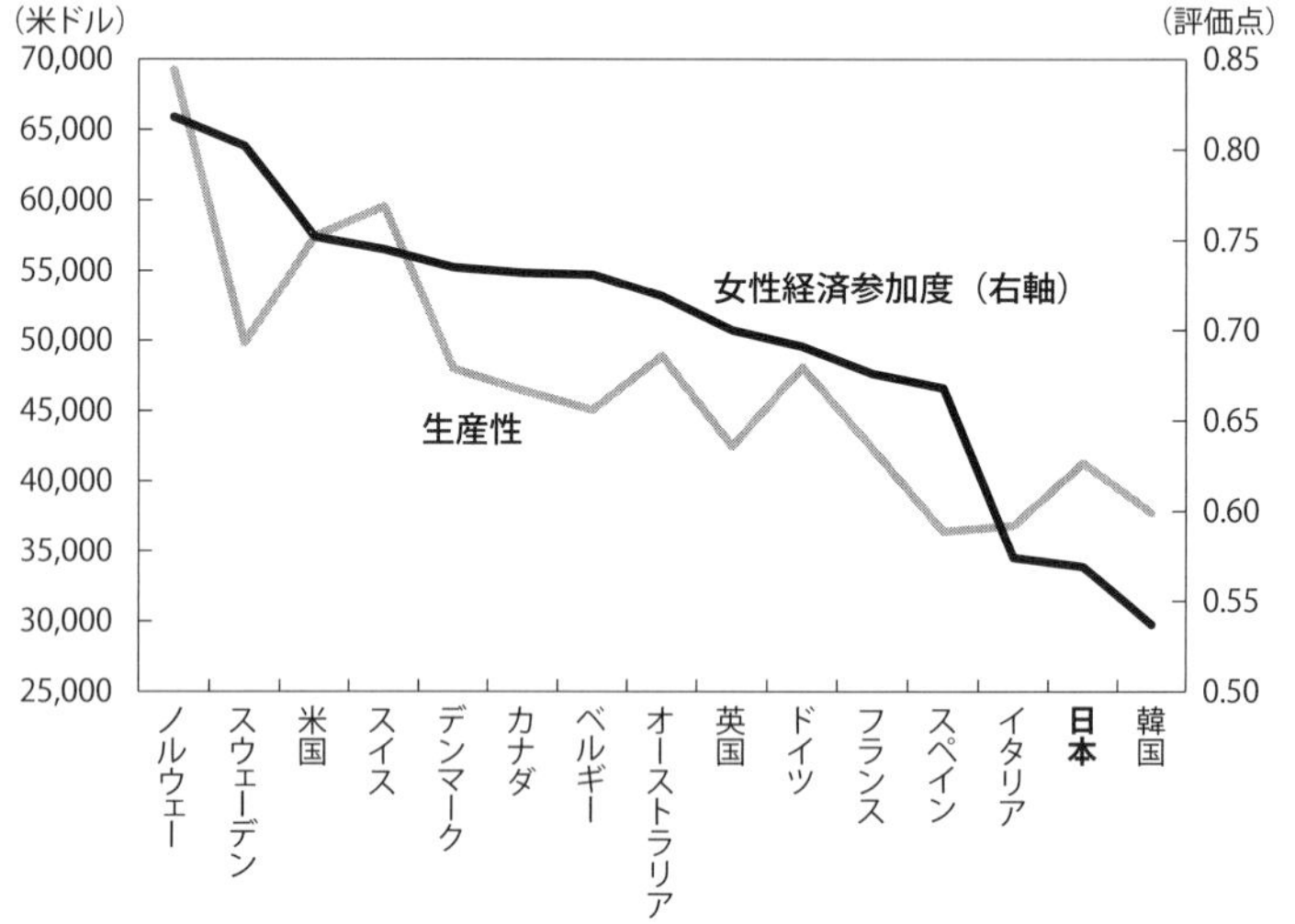

（出所）World Economic Forum 2016、IMFのデータより筆者作成

第4章からは、現実の世界に戻りましょう。各国の生産性を分析すると、生産性の高い国にはいくつかの共通する特徴が見えてきます。

まずは、教育水準が高い国は生産性が高いという事実があります（相関係数80%）。これはある意味、当然だと言えるでしょう。

もう1つは、女性が活躍している国ほど生産性が高いという相関関係です（図表4－1）。ここで「女性の活躍」とは、労働参加率だけではなく、「同一労働比率」も反映されています。特に先進国では、女性の労働参加率が高く、かつ男女の生産性の差が小さく、所得の差も小さい、すなわち男性と女性が「同一労働」

をしている国ほど、生産性が高いことが確認できます。相関係数は77％と、きわめて強い相関関係です。

では、日本の女性は、世界的に見てどれほど活躍しているのでしょうか。World Economic Forumの２０１６年の報告書によると、日本は１４４カ国中１１８位でした。お隣の韓国は１１６位でしたので、ほぼ同レベルと言えるでしょう。日本、イタリア、韓国の生産性が同レベルの低水準にある大きな理由が、「女性の活躍」の少なさにあります。

日本経済を維持していくためには、生産性を高めることが不可欠です。それを実現するには、女性にもっと活躍してもらう必要があります。女性を応援する仕組みづくりも必要ですし、出世したい気持ちが男性より圧倒的に低い女性の意識を変えるように教育することも不可欠です。

本章ではその核心となる問題について考えていきたいと思います。この問題は非常にセンシティブで、かなり神経を使う、書きづらい話なのですが、避けては通れません。

ＧＤＰの71％は男性が生み出している

生産性を上げるために女性の活躍が必要というと、なぜ女性だけなのかという疑問が湧くかもしれません。しかし、男性の生産性を上げるだけでは、全体の生産性を十分に向上させることは不可能です。なぜなら、日本経済がすでに男性に依存しすぎているからです。

完璧な分析ではありませんが、日本経済のうち、男性が創出している分と女性が創出している分の内訳を算出することができます。創出した付加価値と所得に一定の関係性があるという前提をおくと、男性就労者の平均所得に男性就業者数をかけ合わせれば、男性が創出している金額がわかります。女性就業者の分も同じように計算し、両者を足し合わせれば総額が算出できます。

このように計算すると、GDP総額のうち男性が創出している割合は71%。つまり、日本経済の71%は全人口のうち48%しかいない男性によって生み出されていることがわかるのです。

これまでのように男性を中心とした経済活動を続けて、現在の535兆円のGDPを将来も維持するのに、どれだけ労働時間を増やせばいいかという試算は、すでに第1章で紹介しました。今の仕事のやり方を変えず（つまり1時間あたりの生産性を変えず）に、男性が働く時間を増やすだけでは、男性は1日21時間働かなくてはいけなくなるのも、すでに説明したとおりです。

1日21時間も働くのは物理的に無理ですので、それ以外の方法を考えるべきだというのが第1章の結論でした。

一方で、日本の65歳以上人口の56・7%は女性が占めていますので、社会保障制度は明らかに女性のほうが多く使っています。

日本の535兆円のGDPを維持するための方策として、移民の受け入れや男性の労働時間の延長以外に、非常に可能性の高い選択肢が、まさに女性の活躍なのです。

女性が働けば働くほど「生産性が低下」する現状

日本の生産性が低い理由として、よく会議が長いことや、意思決定の際の階層が多く決裁に時間がかかることなどの「働き方」が挙げられます。しかし、これらは感覚的な話にすぎず、物事の本質ではありません。なぜなら、1990年に世界第10位だった日本の生産性ランキングが、今では第28位にまで低下した理由を説明する必要があるからです。

会議が長いことが、日本の生産性ランキングが第10位から第28位まで低下した原因であるならば、この何十年の間に、海外の会議時間が相対的に短くなったか、日本の会議がさらに長くなったはずです。そうでなければ、日本の生産性ランキングは低下しません。

データ分析をすると、日本の生産性ランキングが世界第10位から世界第28位まで下がったいくつかの要因を特定することができますが、そのもっとも大きな要因が、実は日本人女性の働き方なのです。

図表4-2　日本と米国の生産性格差と日本の女性雇用者比率

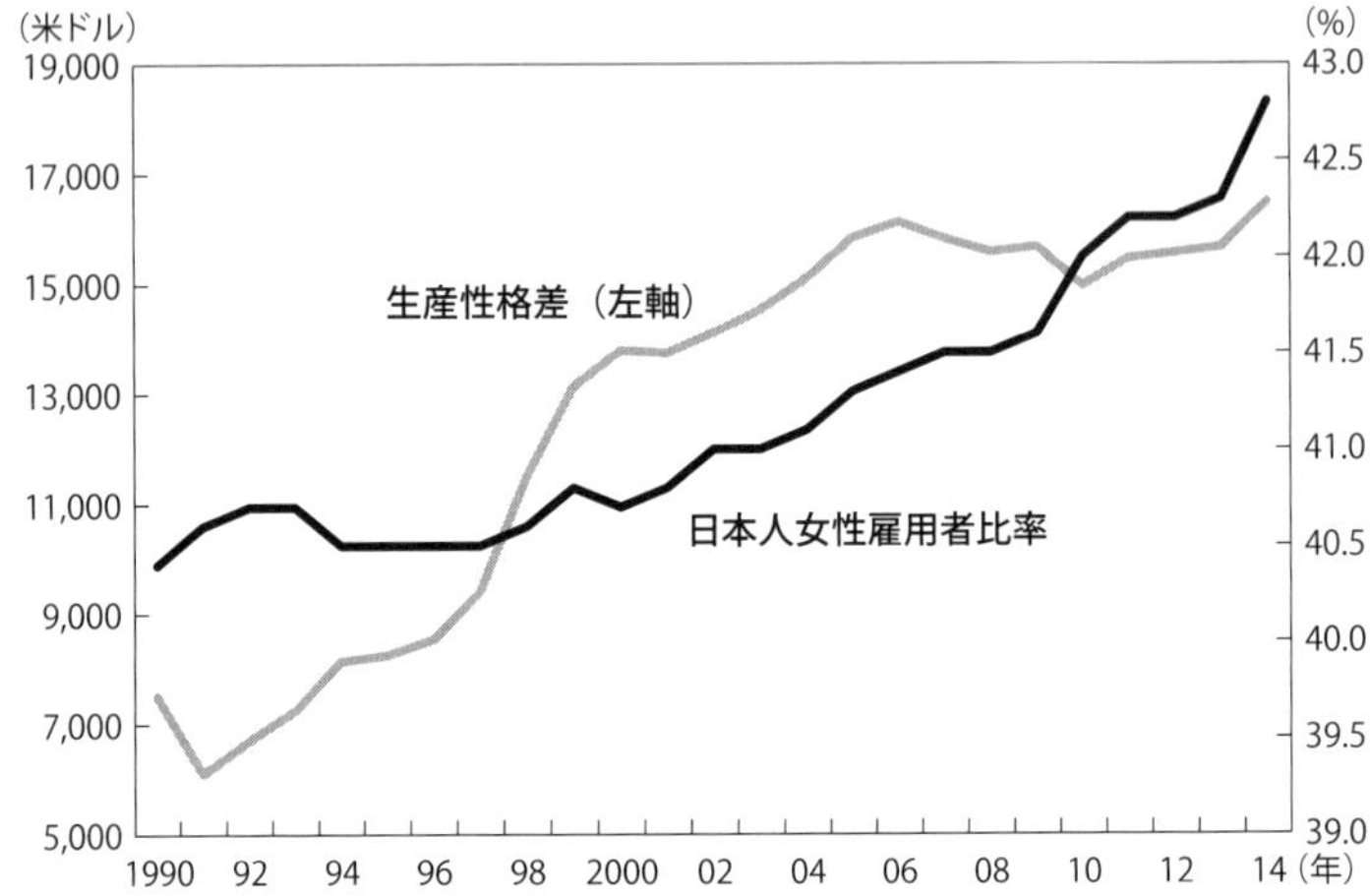

（出所）世界銀行、内閣府データより筆者作成

海外では、女性は生産性向上に大きく貢献しています。しかし、日本では女性の働き方改革が進まずに、皮肉なことに女性が労働市場に参加すればするほど生産性ランキングを低下させているのです。

計算上、１９９０年以降に開いた日米両国の生産性の差のうち、実に45%が日本人女性の社会進出による影響であるという結果が出ています（図表４－２）。その理由は女性の参加率が上がっているのに、男性に比べた収入が海外のように改善していないからです。収入が改善していないのは、生産性も海外のように改善していないからです。

日本では、女性が社会進出をし、働けば働くほど全体の生産性ランキングが低下するという、世界でもまれな奇妙な出来事が何年にもわたって続いています。

なぜ、こんなことが起きているのか、考えてみたいと思います。

女性の生産性向上の歴史

日本も含めて、先進各国では女性の労働参加率が向上しています。これにはいくつかの理由があります。

まずは産業構造の変化です。農業と製造業を中心とした経済では、腕力が必要とされますので、労働力の主役は必然的に男性になります。その結果、男性は外で働き、女性は家を守るという役割分担ができやすくなります。また、女性が外で働く場合も、腕力を必要としない、事務などの所得が相対的に低い仕事を担当する構造になりやすくなります。

しかし、サービス産業の発展によって、腕力がモノをいう仕事より知能で勝負する仕事が増えました。こういった仕事では、男女を問わず発想力などが求められます。つまり、女性も男性と同等に働けます。そのため、サービス産業が発達すればするほど女性の活躍の場が増えます。また、女性の働き手が増えるほど、サービス産業も「女性ならでは」の新しい展開をしながら発達するという循環が生まれました。

これが、女性が労働参加しやすくなった1つ目の理由です。

次に、掃除機、洗濯機など電化製品の開発と普及によって、家事の負担が昔に比べて大幅に軽減されたことが挙げられます。

今では数時間ですんでしまう洗濯は、私の母によると、私が子供のころには丸1日かかっていたそうです。このように電化製品が次々と普及し、家事の負担が減った女性たちは時間の余裕が持てるようになり、外に働きに出やすい環境が整ったのです。

女性の社会進出の3つ目の理由は少子化です。数世代前には、子供が4、5人いる大家族もそれほど珍しくはありませんでした。たくさんの子供たちの面倒を見ていたお母さんの労力たるや大変なもので、素晴らしい「生産性」を発揮されていました。しかし、今や一家庭の子供の数は1人か2人です。

お母さんが外に働きに出て、保育園や幼稚園、または学校に子供を預ければ、それだけで経済全体の生産性は高くなります。子供たちを1カ所に集めれば、お母さんたちの数より少ない数の先生たちに面倒を見てもらえるので、「子供たちの世話」という仕事の効率が上がり、その間、お母さんたちは自分たちの職場で、別の形で生産活動に打ち込めるからです。

女性の経済参加の効果

女性が仕事をし始めると、当然のことですが労働者が増えますので、ＧＤＰ総額は拡大します。労働者の数が増加するので、女性が社会進出することは、それだけでＧＤＰ総額拡大に量的な貢献を果たすことになります。

ある意味で、女性が経済参加する効果の一部は、統計上のテクニカルな話にすぎません。

専業主婦である奥さんが家事をしても、家庭内労働は金銭の取引をともなわないので、金銭の取引しかカウントしないＧＤＰは増えません。しかし、専業主婦の方々が外で働くようになると、市場取引をともなう範囲が広がります。つまり、それまでＧＤＰにカウントされていなかった行動が、カウントされるようになるのです。

たとえば、奥さんが外で働き出せば、いつも家で食事をつくっていた家庭でも、外食ですます機会が増えるでしょうし、お惣菜を買う機会も以前より増えることが想定されます。また、それまで奥さんがやっていた掃除は、人に頼んでやってもらうようになるかもしれません。高齢者の介護も、それまでは奥さんがやっていたけれど、訪問介護の人に手伝ってもらったり、老人ホームに預けたりするようになる家庭も増えるはずです。

要するに、女性が外で働くようになると、それまで自分が無償でやっていた仕事を、他人に頼むことが増えるのです。もちろん、赤の他人がこうした仕事を無償でやってくれるわけはないので、相応のお金を支払わなくてはいけません。これは、GDPに計上される経済的行為の拡大を意味します。重要なのは、ここで税金も発生することです。

生産性は「総生産量÷国民の数」ですから、女性の労働参加率が上昇すると、それだけで国民全員の1人あたり生産性が上がります。分母は変わらず、分子だけが増えることになるので、それまで外で働いていなかった人が働き始めるだけで、生産性の向上につながるのです。

ここまでの理屈は、日本にも他の先進国にも同様にあてはまる話です。では、なぜ日本人女性だけが国の生産性を抑える結果を招いているのか、何が問題なのか。原因を特定する必要があります。

世界では「女性の生産性」が上がっていて当たり前

日本以外の先進国では、女性が労働市場に参加することは、総生産量がプラスになることだけにとどまりません。図表4-3をご覧ください。これは日米の男女の賃金格差の推移をグラフ

図表4-3　日本と米国の男女の賃金格差の推移

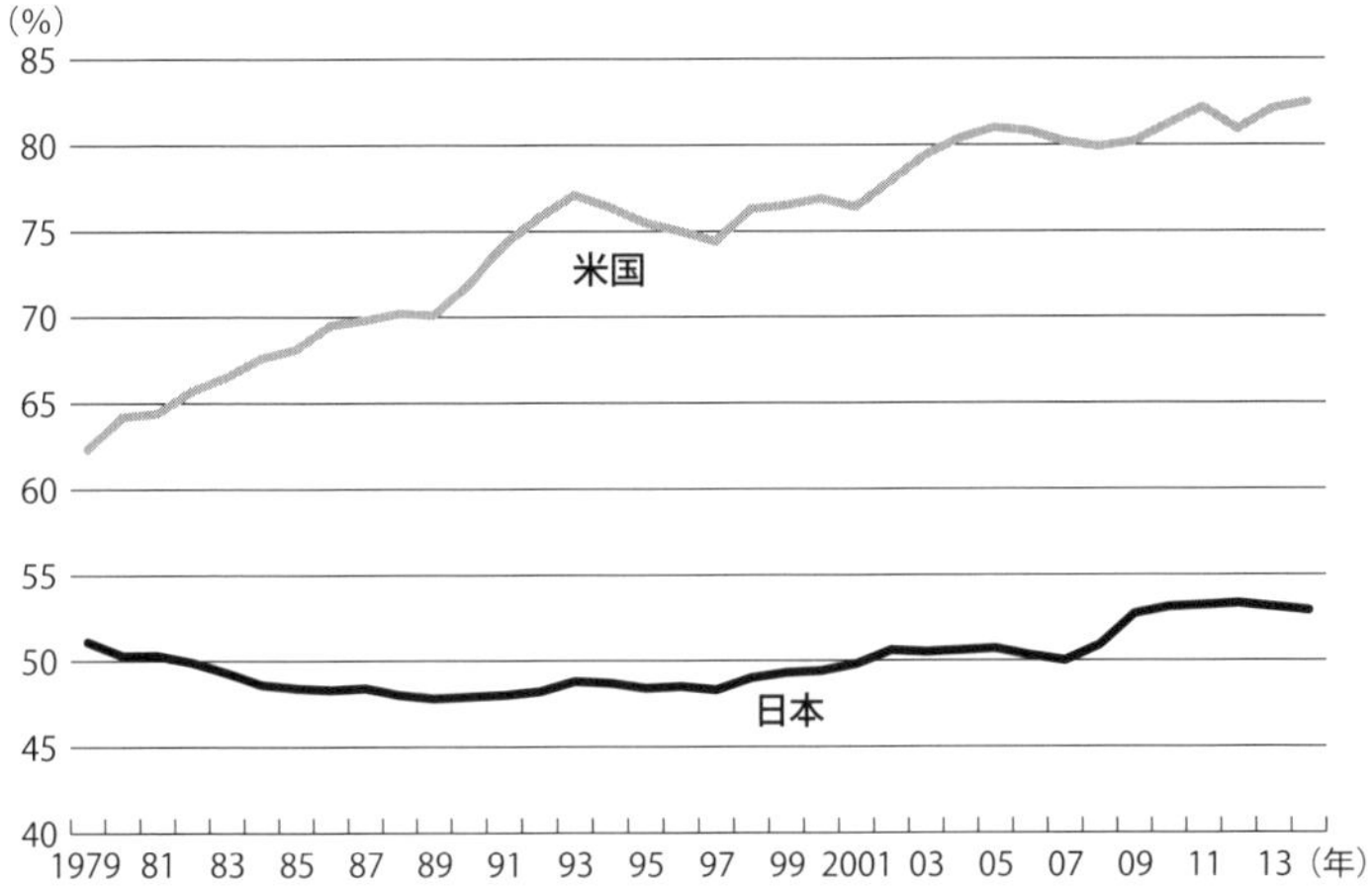

（出所）米国経済統計局、国税庁データより筆者作成

にしたものです。米国人男性の所得に対する女性の所得を見る限り、女性労働者1人あたりの生産性向上率は男性以上に高いのがわかります。女性のやる仕事の中身や質が以前と変わったことで、全体の生産性の向上にさらに大きく貢献しているのです。

日本でも同じですが、他の先進国でも、女性の仕事はもともと事務仕事などが主で、男性に比べると収入も少なく、生産性は低く抑えられていました。

私が若いころは、会社で報告書や提案書をつくる際には、手書きで原稿を書き、それを女性スタッフに渡して、タイプしてもらっていました。コピーをとるのも女性の仕事でした。

コピー機は、今のようにトレイに原稿を入れれば、あとは片面コピーでも両面コピーでも自在にやってくれるような機能はありませんでした。もちろん、コピーされた紙をそろえる機能も、ホチキスでとめる機能も一切ありません。

そのため、原稿を1枚1枚セットしてコピーし、あとは人間の手でそろえてホチキスでとめる必要がありましたが、これらの仕事のほとんどを女性スタッフがやっていました。

1990年代に入ってパソコンがオフィスに普及し、インターネットやメールを業務でも使うようになると、それまで女性がやらされていた事務仕事が激減しました。そのおかげで、女性をより生産性の高い仕事に就けることが可能になったので、女性たちの生産性が著しく向上したのです。この傾向は、それ以降ずっと続いており、日本以外の先進国の女性の生産性は、毎年どんどん上がっています。

生産性が上がれば、当然給与にも反映されます。事実、日本以外の先進国の女性たちの収入は、ここ数十年で劇的に上昇しました。

結果として、欧米の場合、女性が労働人口として参加して一定の量的なGDP増加効果をあげただけではなく、ここ何十年間にわたって、男性以上の生産性向上を果たしたのです。その意味で、女性はGDPの「中身」にも大きく貢献したと言えます。

不十分な女性活躍は１３０兆円もの機会損失をもたらす

一方、日本人女性の生産性は男性の半分強しかありませんし、海外のように向上していません。そのため、女性労働者が増えれば増えるほど、全労働者に占める生産性の低い人の割合が増えるので、日本人労働者全体の生産性向上を抑制する結果を招いてしまうのです。つまり、日本人女性の労働参加率が高くなればなるほど、他の先進国との生産性の差が大きくなってしまうという、なんとも皮肉な結果が生じているのです。

これからますます人口が減少し、女性に活躍してもらわなくてはいけない日本なのに、女性が働けば働くほど生産性向上が抑えられてしまう。これはまさに大問題です。この機会損失を計算すると、なんと約１３０兆円に及びます。１人あたりＧＤＰで約９０００米ドル、日本円にして１００万円に相当します。

少し余談になりますが、今の例では、私は所得を生産性の代用として使っています。なぜなら、他に使えるデータがなかったからです。この分析を紹介すると「アトキンソンさんは所得と生産性を混同している。間違っているではないか。所得と生産性は違うだろ」と指摘されることがありますが、私は以下のように答えています。

たしかに所得と生産性の関係はある程度流動的ですが、無関係ということはありえません。1人あたりGDPが100米ドルの国の国民の平均収入が3万米ドルになることも、1人あたりGDPが3万米ドルの国の平均収入が100米ドルになることもありえません。つまり、決まった比率がないことは事実ですが、相関関係がきわめて強いこともまた、事実なのです。

女性活用か、移民受け入れか、長生きを諦めるか

「女性の生産性が低いのは、日本の文化でしょう」

「海外との比較はいらない、何でも海外と比較する必要はないだろう」

「日本は家に帰った子供に、おかえりなさいと声をかけるお母さんがいる温かい家庭を大切にしている。なんでもかんでも、カネカネ言うのはいかがなものか」

日本人女性の低い生産性を指摘すると、こんな反論が返ってきます。

理想論を振りかざしたいのは、気持ちとしてはわかります。しかし、事態はすでにそんな悠長なことを言っていられる段階を超えてしまっています。

日本では、今後ますます高齢化が進み、さらには長寿化も進みますので、今以上に社会保障制度の充実が求められます。一方で、晩婚化が進み、生涯独身を貫く人も増え、生まれてくる子供の数はどんどん減っています。将来を担う子供が減る以上、社会保障制度を維持するためには、日本全体での生産性の向上が絶対に不可欠なのです。

先ほどから説明しているとおり、日本全体の生産性が低いのは、女性の低い生産性が原因の１つであるのは明らかです。この女性の低い生産性を上げなければ、社会保障制度が崩壊するのを指をくわえて見ているか、長生きをやめるか、大量の移民を受け入れるか、いずれにしても苦渋の選択を受け入れるしかなくなります。

女性の活躍は、理想論ではありません。女性をフル活用するか、さもなければ３４００万人もの移民を受け入れるか。これはきわめて現実的な選択肢なのです。

女性を活用できない「男性主体」の日本的経営

ここからは、「なぜ日本では女性の生産性が上がっていないのか」について考えていきます。理由はいくつか考えられます。

まず、第一に考えられるのが、いまだに企業が女性を十分に活用しようとしていないこと。

主に男性が経営陣を占めている会社で起こりがちな、女性の使い方の問題です。

この件に関しては、もちろん男性社員側に問題があります。日本ではまだ男尊女卑的な考え方が根強くはびこっていて、女性には外では働かず、家を守ってもらいたいと考える男性がいまだに少なくありません。男性が家事をしない、保育所が足りないといった問題もあります。

会社の中でも、女性には仕事を頼みにくい、または頼み方がよくわからない、という理由で重要な仕事が男性にばかり集中してしまう傾向も見られます。

女性に負担をかけるのはよくないという男性の優しさや、女性なんかには任せられないという男性の偏見が、女性に重要な仕事をさせない風潮をつくってしまっていることもあります。

他にもさまざまな要因があると思いますが、要は、男性は女性と仕事をするより、男性同士でやったほうが慣れてもいるし、やりやすいと感じるというのが実際のところでしょう。

こういう風潮は、現在の日本の職場が男性の論理にもとづいて成り立っていることに原因があります。当たり前のように通用しているそれぞれの職場の常識が、あくまでも男性の常識だということを認識せず、「客観的に見ても正しいのだ」と信じている人が大半のように思います。本当にそれでよいのか、きちんと検証する必要があります。

一方で、長い歴史をかけてできあがった企業独自のカルチャーを全面否定するのは、それはそれで無理なことです。たとえ女性の常識とはかけ離れたことがまかり通っていたとしても、その常識に一定の合理性があるならば、女性側も単純に拒否反応を示すのではなく、自分たちのやり方に合うよう、調整する努力は続けるべきです。

「女性に仕事を奪われる」という妄想

「女性の社会進出が進むと男性の仕事が奪われる」という危機感を抱く人が、世の中にはいるようです。彼らの頭の中では、「経済はゼロサムゲーム」だという考えがあるのでしょう。つまり、女性が付加価値の高い仕事をすると、男性がやっていた仕事が女性にとられ、その女性がしていた仕事を代わりに男性がやることになる、という考え方です。簡単に言えば、男性の仕事は4、女性は2、平均が3として、女性の仕事が4になれば男性の仕事は2となり、平均は変わらないという考え方です。

しかし、この主張には根拠がありません。実際のデータを確認してみると、女性の労働参加率が向上している先進国は、全体の生産性も高まっています。つまり、生産性の高い女性が男性と入れ変わったという事実はないのです。

女性は世界の人口の約半数を占めていますので、どこの国でも経済を成長させる大勢力になります。たとえば、スイス（女性参加率世界ランキング第50位、ＩＬＯ）、カナダ（第52位）、ノルウエー（第53位）、スウェーデン（第55位）、オーストラリア（第59位）、デンマーク（第59位）、シンガポール（第61位）などのように、人口が少ない先進国の場合、女性の参加率が日本より高く、かつ女性の生産性が高い傾向が確認できます。人口が少ない先進国は、女性が活躍することによって人口が少ない弱点を補っているのです。

ちなみに、日本の女性の参加率は世界118位（2016年）。日本は、積極的に女性活用を進めないと、先進国におけるランキングはさらに低下していきます。

専業主婦という「贅沢」はもう許されない

日本人女性の生産性が低いもう1つの理由は、女性自身の問題です。

さまざまなアンケート調査の結果を見る限り、日本ではいまだに多くの女性が、結婚後は仕事をやめて家庭に入り、男性の稼ぎだけで暮らしたい、自分は家庭を守ることに専念したいと望んでいるようです。

家庭を守ることを軽視するつもりはありませんが、昔と違い今では家事の負担が大幅に軽減されています。洗濯は洗濯機のボタンを操作するだけ、掃除は掃除機が家中を勝手に這いまわってゴミを吸い取ってくれます。スーパーマーケットに行けば日常生活に必要なものはだいたいそろうので、昔のように商店街で何軒ものお店に立ち寄る必要もありません。何かを買い忘れたとしても、近所のコンビニに行けば大抵のものは手に入ります。冷蔵庫もあり、冷凍食品もあり、考えられないぐらい便利な時代となりました。

にもかかわらず、家に入って家庭を守りたい、家に帰ってきた子供に「おかえり」と温かい声をかけたいという女性が多いと聞くと、「どれだけ贅沢なんだ」と正直思います。

これが日本の伝統文化だという人もいるでしょうが、もうそんなことを言っている余裕は日本にはありません。

昔の日本は、今とはまるで状況が違っていました。成人すると、男性も女性も結婚するのが当たり前でした。当時は、社会全体が今のように成熟しておらず、主婦が家事に専念し家を守ってくれなければ、男性も仕事に専念できませんでした。私が日本に移住したのは１９９０年ですが、そのときですら、大いにそう実感しました。

あの時代には、専業主婦の存在は、男性の生産性向上に多いに貢献していたと思います。

しかし、その後時代が変わるにつれ、ありとあらゆるものが便利に進化しました。コンビニの普及、外食店舗の増加、メール、ネット、クリーニング、電気製品、宅配便の進歩などなど。不便だった日本の社会は様変わりし、すごく便利になりました。

非常に打算的に聞こえるかもしれませんが、社会が便利になった分、日本人男性にとって結婚するメリットが大幅に減ったのは事実です。日本で未婚の男性に結婚しない理由を聞くと、「出会いがない・いい人がいない」などと並んで、「結婚をする理由がわからない」という回答を挙げる人が多いようです。この答えの裏には、先ほど説明した社会の変化、すなわち社会が便利になりすぎたことがあるように思います。

社会が便利になったことが晩婚化や婚姻率の低下を招き、少子化につながっているとしたら、それはとても皮肉な話です。

加えて、昔は日本では「いい年をして、まだ結婚していないとは……」と、結婚しないことに対して周りからプレッシャーをかけられましたが、今ではそんなことも少なくなりました。周りを見わたせば未婚の知り合いもたくさんいるし、親や社会からのプレッシャーも昔ほどありません。

これでは、結婚しない人が増え、生まれてくる子供が減ってしまっても不思議ではありません。

社会全体の生産性を低下させるという意味で、結婚しても子供をつくらなかったり、1人しか産まず専業主婦を続けるのは「究極の贅沢」です。子供が成人してからも働かないのも同様です。年金や毎年高くなる先進医療費などを考えれば、経済合理性はありません。

よほどたくさんの子供を産んだお母さんなら話は別ですが、1人だけしか産まないのなら、家にとどまるべきではありません。旦那さんがよほど高額所得者でもない限り、子供が学校に通い始めたら、専業主婦は即刻会社に復帰するべきです。

昔のように、ほとんどの人が結婚して子供をたくさん産むなら、経済合理性の観点でも専業主婦が許容されますが、結婚して子供を産む人が少なくなってしまった以上、自分たちが望むライフスタイルへの応援を社会に求めることには無理があります。

優秀なのに出世したがらない日本の女性たち

専業主婦の問題より大きな問題があります。

それは出世したがらない女性が多いという、日本のもう1つの特徴です。

アンケート調査でも明らかになっていますが、「会社に入っても管理職になりたくない」と答える比率は、男性より女性のほうが圧倒的に高いです。たとえばキャリアインデックスという会社が2017年5月に実施した「有職者に向けた仕事に関する調査」では、管理職になりたくない人の割合は、20代男性は51・7％、30代男性は48・7％でした。一方、20代女性は83・

1％、30代女性は84・2％が、管理職になりたくないと答えています。

私がゴールドマン・サックスの役員のころ、会社の経営方針として「女性を出世させたい、出世してもらわなければいけない」というプレッシャーが役員たちにかかっていました。しかし、東京オフィスの場合、出世しようと自ら手を挙げる日本人女性が非常に少なかったことを記憶しています。これは他の国のオフィスでは考えられないことでした。

なぜ出世に興味がないのかヒアリングしたところ、「私は男性のように働くつもりはない」「趣味のために午後5時に帰りたい」「お金が増えても責任が重いのは嫌だから、出世はいいです」などの答えが返ってきました。

外資系企業、それも金融機関に自ら入社してくるくらいなので、出世したい女性は日本企業で働く女性たちより相対的には多かったはずです。しかし、私が勤めている間は、残念ながらあまり多くの女性たちを出世させることはできませんでした。

頭脳明晰できわめて優秀な人も少なくありませんでした。しかし、能力的には最前線で働けても、働く意欲に欠けてしまっている女性が多かったのです。

統計的な話ではないですが、ロータリークラブや経済同友会などで他の経営者に聞いてみても、私と同じく女性から出世したいという強い要望を受けたことのある人はあまりいないようでした。

女性活用を阻む「3つの問題」

日本では、女性の活用を進めるために、以下の３つの問題を解決しなくてはなりません。

（1）国民の意識の問題
（2）経営者に対するプレッシャーの問題
（3）政策の問題

国民の意識の問題を解決するのは、最終的に政府の責任です。

今後は女性のフル活用に対して、政府の強い意志を国民に示し、理解を求めていくよう情報を発信していくべきです。地道な努力が必要ですが、こうした地道なことの積み重ねによって国民の意識が変わります。西洋の多くの国でも、同じように政府が長い時間をかけて国民を説得してきたのです。

かつての日本の女性教育は、家庭を守る主婦になるための教育が多かったと聞きます。家政大学や家政学科が存在するのは、その名残でしょう。しかし今、大半の女性が受けている教育は、男性とほとんど変わりません。にもかかわらず、女性は社会でフルに活用されていません。女性をフルに活用しないならば、社会保障の維持や今後の経済情勢を勘案すると、女性の教育水準を下げるべきだという理屈になってしまいます。

もちろんそんなことは許されませんし、女性も男性同等の教育を受ける権利があるのは当然だと私も思います。しかし、男性同等の教育を受けるのであれば、女性も男性同等に日本経済へ貢献することが求められてしかるべきです。

政府は女性活躍を訴えながら、いまだに実現できているとは言えません。その理由の1つは国にあります。国は日本最大の「会社」です。人事院によると国家公務員だけで58万4000人、地方公務員は273万9000人もいます。女性活躍を訴えるなら、まずは国がお手本を示すべきです。

公務員の仕事は女性向きという専門家もいますし、組織も巨大ですから、普通の中小企業より育休などは導入しやすいはずです。海外を見ると、政府が率先して女性活躍を推進している例が多々あります。英国政府によると、英国の国家公務員のうち54%は女性です。高官で見ても、女性比率は39%だそうです。米国の連邦国家公務員も女性比率は2016年に43・3%でした。一方、内閣府の2011年度のデータによると、日本の国家公務員の女性比率は全体で

18％、高官となるとたったの3％にすぎません。

経営者の問題は第5章で詳しく紹介しますが、海外の例を分析すると、企業は生産性を高めるように強いプレッシャーを受けており、そのために女性を活用していることがわかります。必ずしも「男女は平等であるべきだ」という信念にもとづいて実行しているわけではないのです。

一方、日本では企業に生産性を上げるプレッシャーがかかっていません。政府からも、社会や株主からも、企業にかけられるプレッシャーはほぼ皆無です。反論したい企業の経営者もたくさんいると思いますが、25年間の長きにわたり、日本で生産性がほとんど上がらなかったのは事実なのです。生産性を上げるプレッシャーがあったら、こんなことにはなっていないはずで、ここに反論の余地は一分もありません。生産性を上げるプレッシャーがなかったため、女性の活躍を推し進めることを怠り続けてきたと言われてもしかたがないのです。

人口が激増していた時代であれば、こういった矛盾や贅沢もある程度許されましたが、今後人口が減少する日本で、経済規模を維持する大変さを考えれば、これらの矛盾や贅沢も正していかなくてはなりません。

「結婚するだけで優遇」は、時代遅れの政策だ

日本人女性の生産性を低くしているもう1つの原因は、税制、年金制度、医療制度などの政策を通じ、政府が与えているインセンティブです。

社会の理念として、または宗教的もしくは道徳的な理由から、歴史上多くの国では国民に結婚するよう後押ししてきました。事実、多くの国では、国民が結婚することによって社会がより安定し、経済成長を促しもしました。

しかし、時代が変わり、女性の社会進出が進んで、結婚後、子供をつくる社会情勢も次第に変化しました。同時に価値観も変化して、結婚することの意味合いも変わりました。このような変化を受けて、先進国では結婚することへの優遇措置も変わってきています。

経済の観点で見ると、先進国にとって、国民が結婚することによってもたらされる国にとっての最大のメリットは子供をつくってくれることであり、既婚のカップルが生まれることではありません。そのため、最近では結婚すること自体を優遇するより、子供をつくることを優遇するのが、日本以外の先進国では主流になりつつあります。

しかし、日本ではいまだに結婚すること自体に対する優遇措置が手厚く残っています。結婚しているというだけで、配偶者控除や医療費の負担軽減のほか、年金支給の優遇も受けられます。

さらに日本には、年収150万円を超えると旦那さんの扶養から外れてしまう、いわゆる「150万円の壁」など、奥さんが働くと経済的に不利になる制度があります。これらの制度の存在が、日本の主婦が本格的に社会復帰しない、負のインセンティブとなっているのは言うまでもありません。

かつての日本では、ほとんどの人が結婚していましたし、なんらかの障害のある家庭をのぞけば子供もたくさんつくっていました。

先述したように、経済合理性の観点で考えると、専業主婦を優遇する意味はご主人の生産性を向上させることと、子供が生まれることによって伸びる生産量を支えることにあります。

原則、皆が結婚して子供をつくる社会であれば、障害のある家庭に対する差別になりかねないので、直接的に子供に優遇策を打つより、とりあえず結婚している夫婦を優遇すれば事足ります。昔の日本は、離婚率も低かったので、子供を直接的に優遇しなくても、結婚することを優遇することで間接的に子供を優遇していたのです。

しかし、この制度は今後、根本から崩れていきます。これからの日本人は、結婚しない人がますます増加します。せっかく結婚しても、離婚してしまう人も増加の一途です。また、結婚しても子供をつくらない夫婦もますます増えていきます。このように社会自体が変化しているので、優遇制度も実態に合わせて、間接的に子供を優遇する制度から直接的な子供優遇制度に変えなくてはいけません。

子供のいない夫婦は優遇されるべきではない

国家として優遇するべきは子供を産むことであって、結婚することそのものではありません。結婚して2人で暮らし始めれば、別々に暮らしていたときより1人あたりの家賃は安くなるのが一般的です。電気や水道などの光熱費や食費の負担も、お互いが独身のときより安くなるので、経済的には結婚したとたんに豊かになります。

夫婦共働きで子供がいなければ、優遇するべきではないどころか、課税負担を増やすべきなのが正しい理屈です。

結婚していて子供がゼロなのに奥さんが専業主婦をやっている家庭は、まったく優遇に値しません。子供もつくらず家で家事だけやっているというのは、国家としてのメリットはまったくないのに、所得がないから税金も払わず、国のつくったインフラや社会制度にただ乗りするのと同じ行為だからです。ある意味において、脱税と同じ犯罪行為です。

やっている本人たちはまったく悪気を感じてはいないと思いますが、社会制度を悪用しているのに等しいのです。ここには明らかなモラルハザードが生じています。

このような考え方は、何も私だけが言っているわけではなく、今や欧州の主流です。欧州の考え方は厳しすぎて寛容な日本社会には合わないと言われるかもしれませんが、そもそも欧州の今の厳しい考え方は、福祉制度の維持のために生まれたものです。同様の社会保障制度を導入した以上、日本もこの厳しさから逃れる術はないのです。

子供の数に応じた優遇が「世界の常識」

これからの時代、優遇すべきは結婚することではなく、子供を産むことです。ただし、やみくもに出産を優遇するのではなく、より多くの子供が生まれるよう、資源を最大限に有効に使える合理的な制度を考える必要があります。

たとえば、１人目の子供の優遇は控え目にし、２人目は手厚く。そして、３人目以降は徹底的な補助をするなど、たくさん子供をつくったほうが得をする制度を考案するべきです。この意味で、今政府がやろうとしている教育の無償化は優れた政策です。

実際に子供を産んでから、一番大変なのは最初の3年間くらいまでとされています（もちろん、個々の家庭やお子さんの状況で違いはあります）。そのあとは、幼稚園や小学校が始まりますので、お母さんの手間は大きく軽減されます。

たった1人の子供の面倒を見るために、お母さんがその子が成人するまで（またはその後も）再就職しないというのは、国家として大損失です。逆に言うと、国が損をしている分だけ、そのお母さんは得をしすぎているのです。

4人の子供を産む人は、十何年間か大変な思いをすることとなりますし、生まれた子供たちはのちのち国家の成長に大きく貢献する戦力となります。なので、このお母さんには年金、医療などを優遇してあげてもなんら不公平ではありません。

一方で、たった1人の子供を産んで、そのあと死ぬまで働かないというのは、独身の人から見るときわめてアンフェアです。

やはり、1人より2人、2人より3人。優遇措置は子供の数に応じて厚くするべきです。

有名な例はフランスです。子供の優遇策は2人目から始まって、3人目となると、手当がより高くなることが特徴です。2人目から3歳の誕生日までの手当があり、その後20歳までの手当もあります。学校に通っている子供に対しても、被服費などとして年1回の手当があります。

廃止するべき「3つの制度」

国の立場から見ると、働かない女性は大変な機会損失を生み出す存在でしかありません。それまで施した教育も無駄になってしまいます。社会が子供をつくるプレッシャーを与えないようになった現在、結婚することを優遇することは、まったく理にかなっていません。

私は、子供の数に応じた手当を徹底させる代わりに、結婚している人が今受けている優遇措置を、すべて廃止すべきだと思っています。配偶者控除も、第３号被保険者制度も、遺族年金制度も、すべてです。

配偶者控除がなくなれば、１５０万円の壁も自然消滅します。政府が議論しているような、上限をいくらにするかではなく、完全撤廃するべきです。その代わり、子供を産む行為と子供を育てる行為を徹底的に優遇するべきです。

女性だろうが男性だろうが、結婚していようがいまいが、年金・医療の負担は誰かを優遇することなく、平等に個人負担とするべきです。

社会保障は国民全員が対象となっていますので、結婚していてもいなくても社会保障には同じようにお金がかかっています。奥さんの社会保障の負担は独立させて、その負担も平等にしてもらわなければいけません。

結婚という儀式をこなしたからといって、優遇する理由はありません。

とはいえ、子供が小さいときには仕事ができないのはしかたがないので、その時期に限って社会保障の負担分を国が支給すればいいでしょう。ただし一定の期間を過ぎたら、働かない奥さんの社会保障の負担は、旦那さんの支払う金額を倍にして全額を旦那さんに払わせるべきです。収入が高い旦那さんなら専業主婦という贅沢はできますが、一般的にはできない人が多くなるので、奥さんが仕事に復帰する動機になるでしょう。

奥さんが会社に復帰すれば、国全体の生産性が上がりますので一石二鳥です。収入のない時期はできるだけ短く、できるだけ早く復帰してもらうことが大切です。

すでに海外では、個々人が平等に年金や医療費を負担する制度に移行した国が多くなっています。実際に移行する際は、女性からの反発が大きかったようです。しかし、一般的に女性は男性より長生きなので、社会保障制度で使う金額は女性のほうが多くなります。その分、女性は男性より高い負担額にすべきという指摘も、一方で多数挙げられたようです。

ただし、日本は海外の先進国より人口減少問題が深刻ですので、海外の制度を模倣するだけでは十分ではなくなる可能性があります。海外の先行事例のさらに先を行く、ドラスティックな制度を自らつくり出す必要があります。

日本と同じように生産性が比較的低く、生産性向上を国策にしている英国も、やはり女性活躍に注目しています。そのため、女性と男性が平等に働いて、平等に社会保障を負担する大胆な改革を実施しています。

英国では２０１０年まで、年金の支給開始年齢は男性65歳から、女性は60歳からでした。しかし２０１１年の法律の改正によって、２０１８年までに女性の支給年齢が上げられ、男性と同じ66歳となります。

また、２０１６年から、日本で言う第３号被保険者制度も改正され、奥さんが自分で払った保険料をベースにした制度に順次移行します。古い制度では旦那さんの払った年金の６割がもらえる制度で、旦那さんが年金をもらい始める前に亡くなった場合でも基礎年金がもらえる制度でしたが、この制度もいずれなくなります。

一方、奥さんが働かなくても、子供が12歳を迎える誕生日まで社会保険の支払いが免除される形となっており、子供をつくる人を優遇しています。

社会保障導入は「伝統を壊す地雷」だった

今のままでは、日本の社会保障制度は早晩成り立たなくなります。ですから、西欧諸国が行ってきた社会制度の改革をヒントにしながら、日本の制度も変えていくべきです。

西欧諸国の社会制度の改革を参考にする理由は、そもそも日本の社会制度は、西欧の社会保障制度を輸入し、それをもとにつくられたからです。

日本は西欧と同じような社会保障制度を導入したことによって、西欧と同じような社会変化や改革を行わなければいけない地雷を埋めたのです。

当時は誰も予想していなかったのですが、社会保障制度の導入は、必然的に大きな社会制度の改革をもたらします。付き物と言ってもいいでしょう。このことは、日本だけにあてはまる話ではなく、実は欧州でも社会保障制度を導入したことが原因となり、伝統文化を含め、社会が大きく変革されました。社会で活躍する女性が増えた最大の理由が、実は戦後、社会保障制度を導入したことでした。

制度を導入したときの平均寿命は今のように長くはなく、定年後、数年で他界すると考えられていました。つまり、年金を受け取る期間も数年で、国の負担が少ない設計になっていたのです。当時は人間がこんなに長生きになることは、想定されていませんでした。

人々が長寿になったのは、主に医療が発展したからです。長生きできるようになったこと自体は喜ばしいことなのですが、制度を支える国にとってはダブルパンチとなって効いてきます。

というのも、医療も国の負担なので、発展することによって毎年のように負担が増えます。医療が発展すれば国民は長寿になり、年金の受給年数も長くなり、年金の負担も膨らみます。また、以前だったら発病しないうちに亡くなったはずの人が、長生きすることによって発病するまで時間がかかる難病を発病するようになり、その病気を治すコストもどんどん増えるようになってしまいました。

国民の幸せのための医療の発展が、医療費の増加と年金負担の増大で国の首をしめるという、ある意味、皮肉な結果となってしまったのです。

政治家は「国民に長生きされると年金負担が増えて困るから、医療費負担はこのぐらいにしておきます」とは、口が裂けても言えません。

その結果、男性が外で働き、結婚後女性は家を守るという旧来の社会制度を変えざるをえなくなったのが、欧州の先進各国の実情です。女性の活用は綺麗事ではなくて、社会保障制度の導入がもたらした必然的な改革だったのです。

実際、私が子供だったころ（30年以上前です）は、英国でもお母さんは外で働かないのが普通で、働いているお母さんは「家の恥」とすら言われていました。

ところが先ほども説明したように、医療の進化によって国民の寿命が長くなり、このままいくと国が医療と年金を負担しきれなくなることが明らかになりました。

旦那さんの力だけでは２人分の医療費と年金をまかなうことができなくなったので、「女性にも働いてもらわなくては無理だ」ということになり、次第に女性が活躍する時代が始まったのです。

また、子供がいる・いないに関係なく、結婚してから働かない奥さんも、働いてきた人と同じ社会保障のメリットを享受する、いわゆる結婚ボーナスに対して不満の声が上がりました。結婚しない独身者が増えたからです。

社会制度を改革する過程では、移民受け入れも、もちろん選択肢としてあり、実際、欧州の多くの国では移民をたくさん受け入れています。ただ、その結果、さまざまな問題を抱え込むことになりました。

２０１６年、英国は国民投票の結果、ＥＵからの脱退を決めました。ＥＵ離脱を国民が選択した理由の１つは、間違いなく移民の問題です。

自国の男性だけでは経済を補うことができないなら、大量の移民を迎えるか、女性に働いてもらうかの2つしか選択肢はありません。日本も、まさに今この問題に直面しているのです。

西洋もつい最近まで「男尊女卑」社会だった

日本では西洋資本主義という表現をよく目にしますが、それは間違いです。米国は社会保障制度が充実していないので、欧州では不可能なことができます。日本で批判的に言われる「西洋資本主義」は、実は米国の資本主義を指していることが多いのです。

欧州の資本主義は社会保障制度を維持するために発展してきた、いわば「社会保障制度資本主義」と言うべきものです。欧州同様の社会保障制度を導入した日本が参考にすべきは、米国ではなく欧州です。

時折、「男性だけでなく女性も外で働くのは、西洋の文化だ」「日本は伝統的に男尊女卑の文化が根付いていて、レディファーストではない」などと言われることがありますが、これも西欧の歴史を知らない人の勝手な思い込みで、事実とは異なります。

まず、レディファーストについてですが、実は欧州でもつい最近まで男尊女卑の風潮が強く残っていました。日本には誤解している方が多いのですが、レディファーストというのは、あくまでレディを対象とした言葉です。レディとは、貴族など高貴な身分の女性を指します。

レディファーストであって、ウーマンファーストではありません。レディファーストというのは、上流階級の価値観であって、一般大衆の中に女性を先に立てるような価値観は存在しません。

たしかに、欧州では日本より早く女性の社会的地位の向上が進み、男女平等の価値観が普及しました。しかし、それはあくまでも人口が増えなくなってきたタイミングが早かっただけで、昔から男女平等だったわけではありません。

海外、とりわけ欧州の先進国は日本のように、戦後人口が急増したわけではありません。その少ない人口で社会保障制度を維持するために、女性にも社会参加を促し、働いてもらうよう改革せざるをえなくなった時期が、日本より早かっただけです。

今では考えられない話ですが、私が若いころの英国では、男尊女卑はまだ一般的でした。卑近な例ですが、その時代、私の母宛の手紙にはMrs. Douglas Atkinsonと書かれていました。父の名前にMrs.がつけられて送られていたのです。昔の法律では、奥さんは文字どおり旦那さんの「所有物」だったのです。

その後、私が成人するころになってようやく、Mrs. Janet Atkinsonという女性本人のファーストネームを使うのが一般的になったくらい、男尊女卑の風潮は長く続いていたのです。

欧州でどのようなプロセスをたどって男女平等の価値観が定着したのかを説明すると、大変なページ数が必要になってしまいます。この件は本書の本筋からは外れますので、先ほど紹介した例にとどめますが、ぜひ、欧州でも最近まで男女は決して平等ではなかったことを、理解していただきたいと思います。

本筋から外れたついでにもう1つだけ、少しセンセーショナルな話を紹介します。実は英国では1991年まで、結婚している男性には、夜、妻に体の関係を求める権利が法的に認められて、女性の側に拒否権はありませんでした。法的に認められているので、今で言う家庭内レイプなどは犯罪として認められていませんでしたし、妻に対する一定の暴力も合法でした。つまり英国では結婚することによって、女性の体は夫という名の他人の所有物になっていたということです。いかに男尊女卑の風潮が強かったかを示す、これ以上ない証拠でしょう。

男女平等は「政府主導」でしか成り立たない

先進国の場合、政府が音頭をとって、男女平等を浸透させるよう働きかけていることは、見逃してはいけないポイントです。

法律をつくって、男女を平等に扱うよう企業に対して強制しているのです。企業や一般の社会は、そこまで男女平等の実現に対して積極的ではありません。

実際、私が外資系企業の役員を務めていたとき、業績を伸ばすため女性が活躍できるような環境をつくろうと経営陣で決めても、ことはなかなかすんなりと進みませんでした。特に若手の男性社員の賛同を得るのが難しく、みっちり研修をし、さらにしっかり実行できているか厳しくチェックするなど、ある意味、無理やりやらせていたのが実態です。

男女平等に限らないかもしれませんが、古くから続く慣習を変えるのは、そう簡単なものではありません。自発的な変化を待っていても物事は変わっていかないので、ある種の強権が必要であることを強調しておきます。


いろいろと述べてきましたが、いずれにしても、日本で社会保障制度を維持するためには大胆な改革が必要です。人口激増時代に先送りしてきた改革も、人口が減少し始めた今、もう待ったなしです。

未婚・既婚は関係なく、女性でも男性でも、社会保障制度は全員が恩恵を受ける制度です。皆が平等に負担するのは当然なのです。

女性は子供を産むという、女性にしかできない特殊な役割を果たすので、もっとも大変な時期は社会として応援すべきです。しかし、産んだあと、亡くなるまでずっと優遇できる時代ではありません。出産後、女性が社会に復帰して、活躍できる社会制度をつくる必要があります。

おそらく男性が女性を受け入れないとか、子育て中の女性に合わせるのが面倒だという反発も生じるかもしれませんが、こういう差別も社会としてなくしていかなくてはいけません。

人口減少時代では、どちらが楽かを問う余裕はなくなります。社会全体がより賢くなる必要があるのです。

第5章

奇跡的に「無能」な日本の経営者たち……

改革のポイント3

第3章では、日本で美徳だと言われている「高品質・低価格」が、日本の労働者を地獄のような状況に追い込んでいる実態を説明しました。

第5章では、そもそもなぜ日本に、せっかく高品質のものをつくっても安くしか売れない「高品質・低価格」が定着してしまったのか、そしてその責任は誰にあるのかを探っていきたいと思います。

国連の生産性に関する報告書では、人口増加率が低下する中で、世界経済の成長率はますます生産性の向上に依存するとあります。同報告書の中では、「最大の課題が、国内産業を中心としたサービス業の経営レベルの低さを是正するための経営者育成と、その経営インセンティブである」とも指摘されています。また、生産性の向上は格差社会是正の秘訣でもあることも指摘されています。

この報告書の指摘は、まさに日本経済の問題の根源そのものを示しているように感じます。

さて、第3章で検証した高品質・低価格という現象が日本経済の特徴で、日本に伝統的にある美徳であるという主張は、私は正確ではないと考えています。

理由は3つあります。1つは、昔から高品質・低価格という現象が存在したという事実が確認できないこと。もう1つはデフレによって価格水準が下がったこと。3つ目はすべての産業に共通して同じ現象が認められるわけではないことです。

製造業は生産性が高い

高品質・低価格が伝統的な日本的経営の産物でないのは、製造業とサービス業の生産性の違いを見れば一目瞭然です。

日本の製造業の生産性は、海外と比べて低いわけではありません。生産性が低いのはサービス業です。つまり、日本では製造業は高品質・低価格ではないのに、サービス業だけが高品質・低価格ということになります。他の先進国と日本の生産性の差のうち、92％はサービス業の生産性の差で説明がつきます（図表5－1）。

だとすると、こじつけ論者たちが言う、日本の労働者を苦しめている高品質・低価格の要因が、伝統的な日本的経営や日本の消費者にあるという理屈も通らないことになります。もし本当に彼らの言うことが正しいとするのならば、「サービスを消費する人と製造業の商品を消費する人は違う」という条件が必要になりますが、そんな事実はないからです。

図表5-1　各国の業界別1人あたり総生産（2015年）

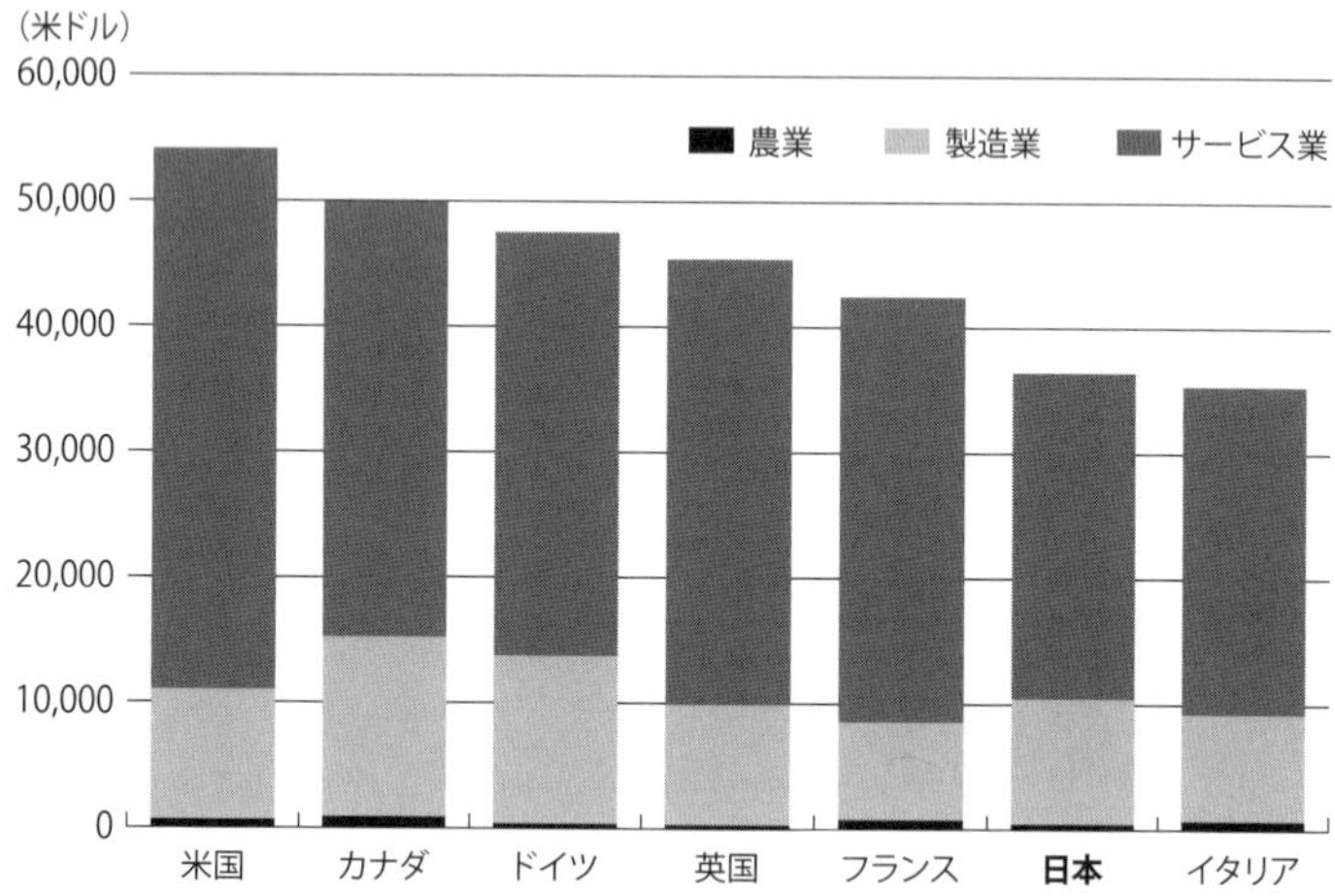

（出所）CIAデータより筆者作成

製造業は日本的こじつけが通らない理科系の世界です。私は、日本の製造業の素晴らしさのポイントはこれに尽きると考えています。

製造業はモノづくりとも呼ばれています。モノづくりのためには、機械や工場、原材料、技術開発のための設備投資などが不可欠で、これらが総コストに占める比率が高い業種です。また、製造業では最終製品をきわめて具体的かつ客観的に評価する基準があるため、ごまかしが効きません。日本的云々といった理屈が通る余地はありません。

自動車であれば、エンジンがかかるかどうか、実際に走るかどうかという当たり前の要件に加え、燃費や最高時速への到達スピードなど、性能を数字で表す客観的な基準があります。

製造業ではproduct outでつくっても、結局、最後には売れたか売れなかったか、はっきりとした結果が出ます。国際競争にもさらされるので、ガラパゴスでは世界で戦えません。

製造業では、製造工程のマニュアル管理が大事です。これは日本人経営者と日本人労働者の得意分野ですし、経営者が多少無能でも、悪い影響は限定的です。

生産性が低いのは「サービス業」

国連の報告書には、国際競争にさらされている会社の経営者の質は高く、国際競争の少ない、中小企業が多いサービス業の経営レベルは世界的に見て低いとあります。

人件費の割合が高いのがサービス業の特徴で、判断基準にもガラパゴス現象が起きやすくなります。

製造業では、総原価に占める他社から購入する原材料の割合が高いため、そう簡単に最終製品の価格を下げることはできません。一方、サービス業は人件費が占める割合が高い上、日本政府の規制が緩いので、比較的容易に価格を変動させられます。特に日本人は忍耐強い民族で、給料の多寡にそれほどうるさくないので、経営者が労働者の賃金に手をつけるハードルもさほ

図表5-2　業種別雇用者数と年間平均給与

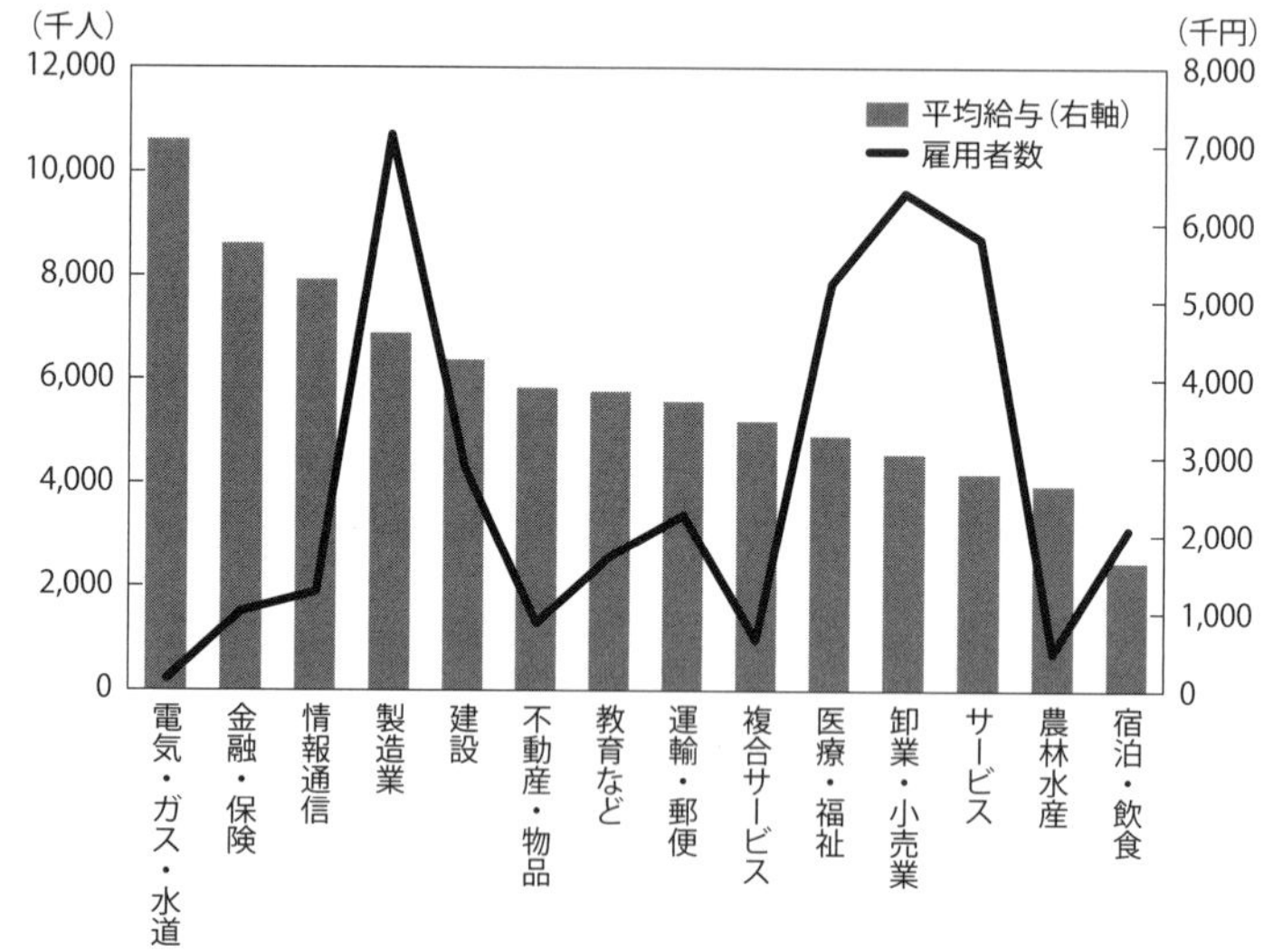

（出所）国税庁データより筆者作成

ど高くありません。その結果、高品質・低価格に傾きやすくなります（図表5－2）。

また、サービスには形がないので、製造業に比べてよりproduct outになりやすい傾向があります。海外との競争も少ないため、ガラパゴスに陥りやすい傾向もあります。直接、海外の事業者と比較されることもなく、また品質を判断する明確な基準もないので、独りよがりに陥りやすいのです。

消費者側も、自分で積極的に好みのサービスを選ぶというより、あるものの中から消去法的に選択させられているのが実情です。さらに日本人は、供給側から受けたサービスに寛容になるように教育されているので、本当に満足しているのか、ただ単に他を知らないのか、もしくは我慢しているだけなのかがわかりにくくなっています。

国際競争にさらされている日本企業は素晴らしい生産性と競争力が備わっているのに、純国内企業は生産性が低い傾向が顕著です。

株式市場の評価を見れば明らかなように、国際競争力のある企業は評価が高く、継続的に株価が上がっているのに対して、純国内企業の大半は評価が低く、業界によっては株価がずっと下がっている例も少なくありません。

ただし、このあとじっくりと解説しますが、この点に関しては労働者が悪いわけではありません。このことは、この場ではっきりと明言しておきたいと思います。

いずれにせよ、日本の製造業が高品質・低価格でないのは事実です。この事実を1つだけとっても、高品質・低価格が日本的経営の産物でないのは明らかです。

無能なのは「労働者」ではなく「経営者」だ

日本をのぞく先進国の場合、労働者の質と生産性の間に82・3％の相関があります（図表5－3）。スペインやイタリアの生産性が低い理由を分析すると、やはり人材のレベルが低いことが主因であることがわかります。

第2章で見たように、日本人労働者は潜在能力が高いだけではなく、基本的に真面目に働きます。WEFのデータによると、日本の労働者の質は世界第4位です。実際、皆さんの働きにより、過去には目覚ましい経済発展を遂げたこともありましたし、世界的に高い生産性を誇っていた時期が長かったのも事実です。

しかし、素晴らしい労働者を抱えていながら、現在の日本の生産性は先進国の最下位です。「人材の質と生産性のギャップが世界一大きい国」と言っても過言ではありません。日本の経営者は優秀な日本の人材の能力をまったく活かせておらず、教育などにかけられてきた投資や子供のころの努力をまったく回収できていないのです。

これは、優秀な人材に、その人がやるべきではない、レベルの低い仕事をさせていることが原因です。仕事に対して人材がオーバースペックなのです。その仕事に求められている以上のスキ

図表5-3　労働者の質と生産性には高い相関がある

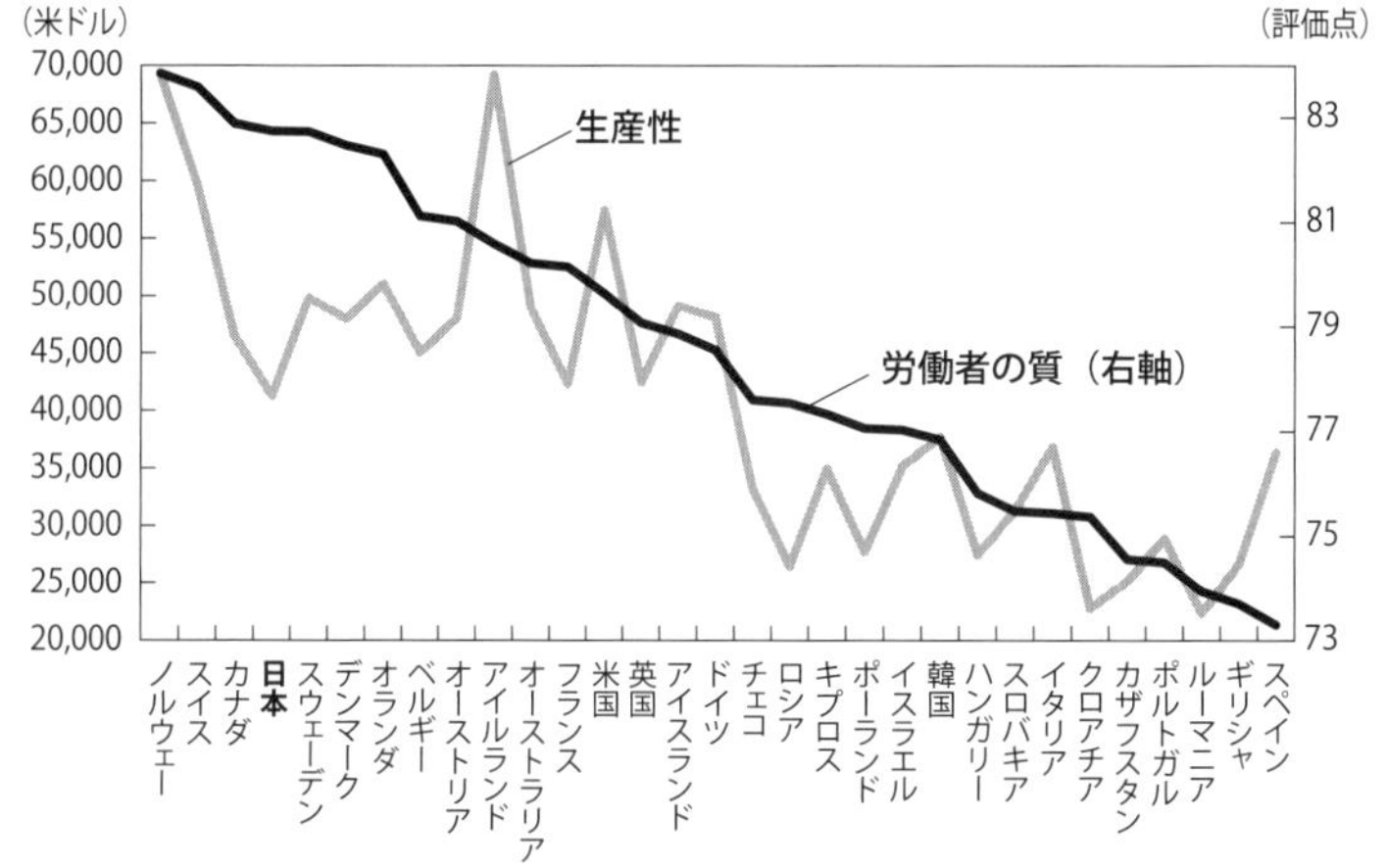

（出所）World Economic Forum のデータ（2016年）より筆者作成

ルを持っている人が真面目に働きますので、他国と比べて高いクオリティでその仕事をこなすことが当たり前になります。

要は、人材の配置と使い方を間違えているのです。人が溢れていた時代には通用したのかもしれませんが、人手が不足するこれからの時代にはまったく適していません。

世界に誇れる優秀な労働者がいるにもかかわらず、この体たらくはいったいどういうことなのでしょう。この体たらくを招いた責任は、ひとえに日本の経営者にあります。彼らの無能っぷりは、もはや奇跡的としか言いようがありません。

米国の労働者の質は日本とは比べ物にならないほど低く、潜在能力が高いとはお世辞にも言えません。しかし、米国は素晴らしい経済成長を長年続けています。その要因は、もちろん人口増加が続いていることもありますが、生産性の高さと、さらに継続的に生産性を向上させていること、つまり、経営のうまさです。このポイントは見逃してはいけません。

米国では経営をサイエンスととらえて、MBAのコースなどを通じて教育する仕組みがずっと昔から整備されています。最近では世界に先駆けてビッグデータなどを使った新しいビジネスモデルを追求し、新しい価値を創出する素晴らしいビジネスが次々に生み出されています。さすがに、世界をけん引するリーディングカントリーだと称えるほかありません。米国経済の動きの中で特に注目すべきは、ビッグデータ、AIなどをサービス業にも導入していることです。製造業だけでなくサービス業にも、理科系の考え方を導入しています。データサイエンスによって感覚的な判断をなくして、経営に科学的な要素をもち込み、サービス業の経営レベルを上げようとしています。

人口増加が止まる事態に対応しなかったのは「致命的なミス」だ

先ほども説明したように、日本の生産性が今のように相対的に低い状態になったのは、1990年代からです。日本の経営者は、時代の変化にどう対応すべきかを正しく判断できなかったのです。

　日本の戦後の経営戦略は、人口が大きく増え続けて経済が右肩上がりに成長していた時代に確立されたものです。この戦略は、人口が増加することを前提にしており、人口が増えないと機能しないものでした。

　しかし、１９９０年代から人口増加が止まると、その当時の経営者たちは事の重大さを理解せず、変えないといけなかった昔ながらの戦略を継続させてしまいました。その結果、経営者がデフレを起こして、失われた25年と言われる不毛の時代をつくり出してしまった。これが、日本経済がここまで衰退してしまった経緯です。労働者の問題ではなく、国策と経営者のミスが日本に不幸をもたらしたのです。

日本の経営者は「人口激減社会」に備えているか

　私が金融アナリストだった時代、日本の経営者は目先のことしか見ておらず、先見の明があまりなく、事後対応が非常に多いことにいつも驚いていました。今回も同じ印象を受けます。

　最近になって、ようやく日本でも生産性向上が議論されることが多くなってきました。もちろんやらないよりはましですが、すでに遅きに失している感がぬぐえません。もっとずっと前に、人口減少が社会や経済に与える影響を先読みして、生産性向上に向けた取り組みを始めなければいけなかったのです。

これから日本はさらに人口が減る「人口激減」の時代を迎えます。しかし、来るべき新時代に向けて、今の経営者が正しい経営判断をしているようには、はっきり言ってまるで思えません。日本経済の長期にわたる停滞の理由を、経営者の問題だと私が断言するのは、企業のかじ取りをしているのが経営者だからに他なりません。価格の決定、設備投資の配分、人材の割り振りなど、生産性の向上にかかわる重要事項を決めるのは経営者以外の誰でもありません。実際に現場で働き、生産性向上の担い手となるのは労働者ですが、彼らの生産性を上げるよう環境を整えるのは経営者の責任です。労働者は経営戦略を考えて実行する立場にはなく、経営者の考えた経営戦略を実行するのが役割です。

これからの日本の人口減少はどの国より極端に、どの国よりも速いスピードで進みます。人口減少時代にもっとも不必要な経営戦略は、高品質・低価格です。500円以下の弁当、52円で買える味噌汁は不要です。日本の人材の質の高さを考えれば、この価格設定は馬鹿げています。今の経営者たちがそのことを理解しているのか、大変疑問に感じています。また、はたして彼らのマインドは変わるのか、注視していかなくてはいけません。

デフレは「経営戦略のミス」から生まれた

日本は長年、デフレから脱却できずに苦しんでいます。

このデフレこそが日本の生産性向上を滞らせたと考える人がたくさんいます。一部のエコノミストは、高品質・低価格はデフレの結果だと言いますが、常識的に考えれば実態はその逆です。今の高品質・低価格現象こそが、デフレの原因です。

たしかに、何でも肯定したい人が「誰の責任でもない」と主張したいのであれば、日本と海外の生産性の差をデフレのせいにするのが一番簡単です。

高品質・低価格はデフレという、抗いきれない、いわば自然災害のようなものの結果として起きたのか、はたまた、経営ミスの結果、人為的に起こされてしまったのか。この論点が今までの失われた25年を理解する上での鍵を握っています。

前者を支持する人は、デフレの原因と解決策を金融政策などに求めることでしょう。しかし、アベノミクスでできる限りの金融政策を繰り出しているにもかかわらず、デフレは緩和されはしたものの、いまだに物価上昇率は目標に到達できていませんので、その理屈は成立しません。

結論から言うと、私は日本がデフレに陥ってしまったのは、日本の経営者たちがとった経営

図表5-4　需要・供給曲線で見る日本の現状

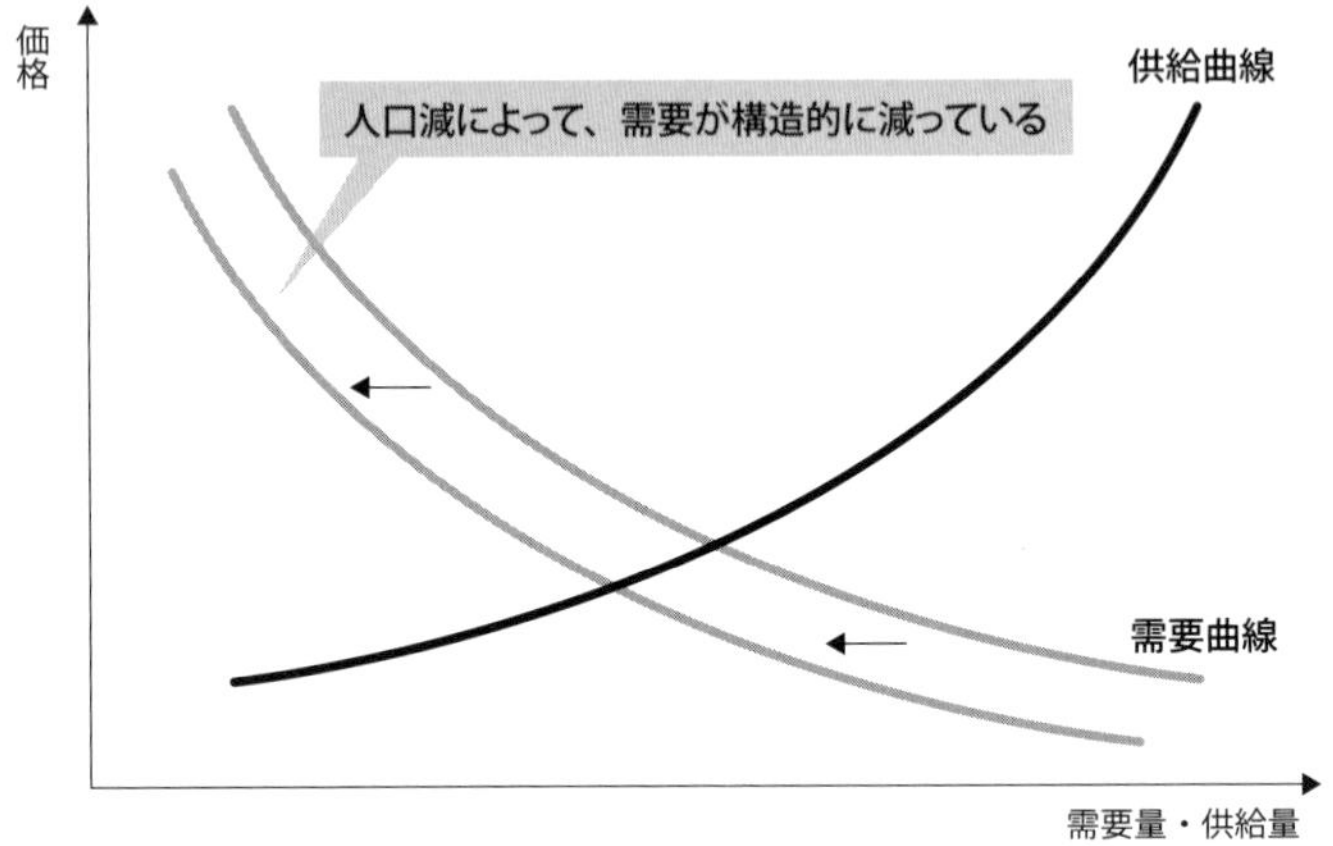

戦略の失敗の結果だと考えています。自然に起きたものではなくて、経営者たちがデフレを引き起こしたのです。だからこそ、金融政策などだけでは、デフレ脱却はできないのです。

デフレの議論は本当にわかりづらいです。デフレの歴史は複雑で、学者や専門家の間でも議論が分かれるテーマです。それほど、議論の余地が広いのです。

たしかに理屈の上では、人口が増えている国はインフレになりやすいといえます。特に土地は限りある資源なので、人口が増えると都市部を中心に地価が上がりやすくなります。地価が上がると、不動産の賃料も上がりやすくなるので、小売の物価やオフィスの賃料にも影響を及ぼします。また、人口が増えると食料品、衣料、住宅、自動車などの需要が増えるので、需給がタイトになりやすく、物価に上昇圧力がかかります。

しかし、実際の世界はそこまで単純ではありません。人口が増えているにもかかわらずデフレになった国もありますし、人口が減っているのにインフレになった国もあります。

イタリアやスペインなども日本と同じような人口問題を抱えていますが、この両国はデフレにはなっていません。インフレ率は低いのですが、まだデフレと呼ばれるような状態ではありません。ギリシャも経済が大変な状態ですが、日本のようにデフレにまではなっていません。つまり、人口が減ったことだけが原因で、日本がデフレに陥ってしまったとはいえないのです。

先ほども申し上げたとおり、日本がデフレになってしまった最大の要因は、日本の経営者たちが経営のかじ取りを間違えたことにあります。高品質・低価格を金看板に、いたずらに価格を下げたことが、結果としてデフレを招いてしまったのです。

わかりやすく説明すれば、人口減少による需要の減少と高齢化による需要の変化によって、図表5－4のように需要曲線が左へシフトしたのに、供給が調整されなかったために価格が下がったのです。

人口減少社会で「賃金を下げた罪」は重い

1990年代に入ってからの日本経済は、4つの要因によって需要が減っています。

（1）労働人口の減少による需要減（マクロ要因）
（2）世代構造の変化による需要の変化（ミクロ要因）
（3）平均給与の減少による需要減
（4）福祉制度を充実させるための、政府の設備投資削減による需要減

日本経済は主にこの4つの要因によってデフレに陥りました。デフレが起こったメカニズムをトレースすると、経営者の罪深さがわかります。デフレは次のようなメカニズムで起きました。

（1）人口が減っているので、需要が不足
（2）需要を喚起するために価格を下げる
（3）人口が減っているので、需要は喚起されない

（4）価格を下げた分だけ平均給与を下げる
（5）所得が減るから需要がさらに減る
（6）所得が減るから税収が減る
（7）税収が減るのに高齢化によって社会保障費が増える
（8）社会保障費を払うために、政府は公共工事などの設備投資を大幅に減らす
（9）企業も需要が戻らないから設備投資を減らす
（10）需要を喚起するために、経営者は価格をさらに下げる

この一連の流れの中で、経営者たちが起こしたもっとも大きなミスは、平均給与を下げたことです。これが、日本経済がデフレになった最大の原因です。給与を決めるのは他の誰でもなく経営者なので、経営のミスだと断言します。

たしかに、経済学の教科書には、価格を下げれば需要が増えると書いてあります。ただし、その論には「経済は正常な状態にある」「人口増加によって潜在的な需要が増えている」という前提が隠れています。価格を下げると需要が増えるという理屈の裏には、消費する人口が減らないという隠れた前提があるのです。

日本の経営のミスの大本《おおもと》はここです。人口が減っている中では、価格を下げてはいけないし、

給与も下げてはいけないのです。

「価格を下げる」のはどんな無能でもできる安直な戦略

人口が減少しているので、国内市場で価格を下げても、その下げた分を補って余りある需要の増加は期待できません。需要が減っているときは、付加価値を高めて価格を上げる必要があるのです。しかし、経営者にとってその決断には大きなリスクがともないます。さらに戦略に沿った新たなアクションも必要なので、ハードルが低いとはいえません。

「そんな大変なことをやるよりも……」と考えたかどうかは知りませんが、多くの日本の経営者がとったのが、一番簡単にできる「価格を下げて、なんとかなることを期待する」戦略でした。

価格を下げれば、最初は需要が増えるかもしれません。しかし、価格を下げるのは誰にでもできることなので、他社にもできます。競合が追随してくれば、また元の状態に戻ってしまいます。当の経営者だけは、自分の英断で素晴らしい経営手腕を発揮したように感じるかもしれませんが、実は、価格を下げるのはどんな無能にでもできる、もっとも安直な戦略なのです。

他の先進国では、企業はそう簡単に価格を下げたりはしません。一方、日本には企業経営者が価格を下げる戦略に傾きやすい要因がいくつも存在します。

先進国で平均賃金が下がるのは「異常事態」

普通の国では、価格競争をするために給与を下げたりはしません。

一般論としては、生産性を上げるためには、より少ない人間で同じ付加価値総額を生み出すか、同じ人数を使ってより多い付加価値総額を生み出す必要があります。その付加価値の増加分を、一部は価格の低下、一部は所得の増加、一部は利益の増加に分配します。価格の低下はこうやって実現されるのがまっとうなやり方です。価格を下げるためには、イノベーションが必要なのです。

付加価値を上げずに価格を下げるために、平均給与を下げる行為は、普通の国では最低賃金の制限があり、許されることではありません。

一方、日本の経営者は、価格競争のために、イノベーションを起こすのではなく、労働者の給与を下げてきたのが実態です。

その結果、図表5-5にありますように、日本の平均給与は約15年間、かなり大きく減少しています。他の先進国では平均給与が下がるのは異常事態です。政府の失態であり、経営者の失敗の証です。

図表5-5　日本人の年間平均給与

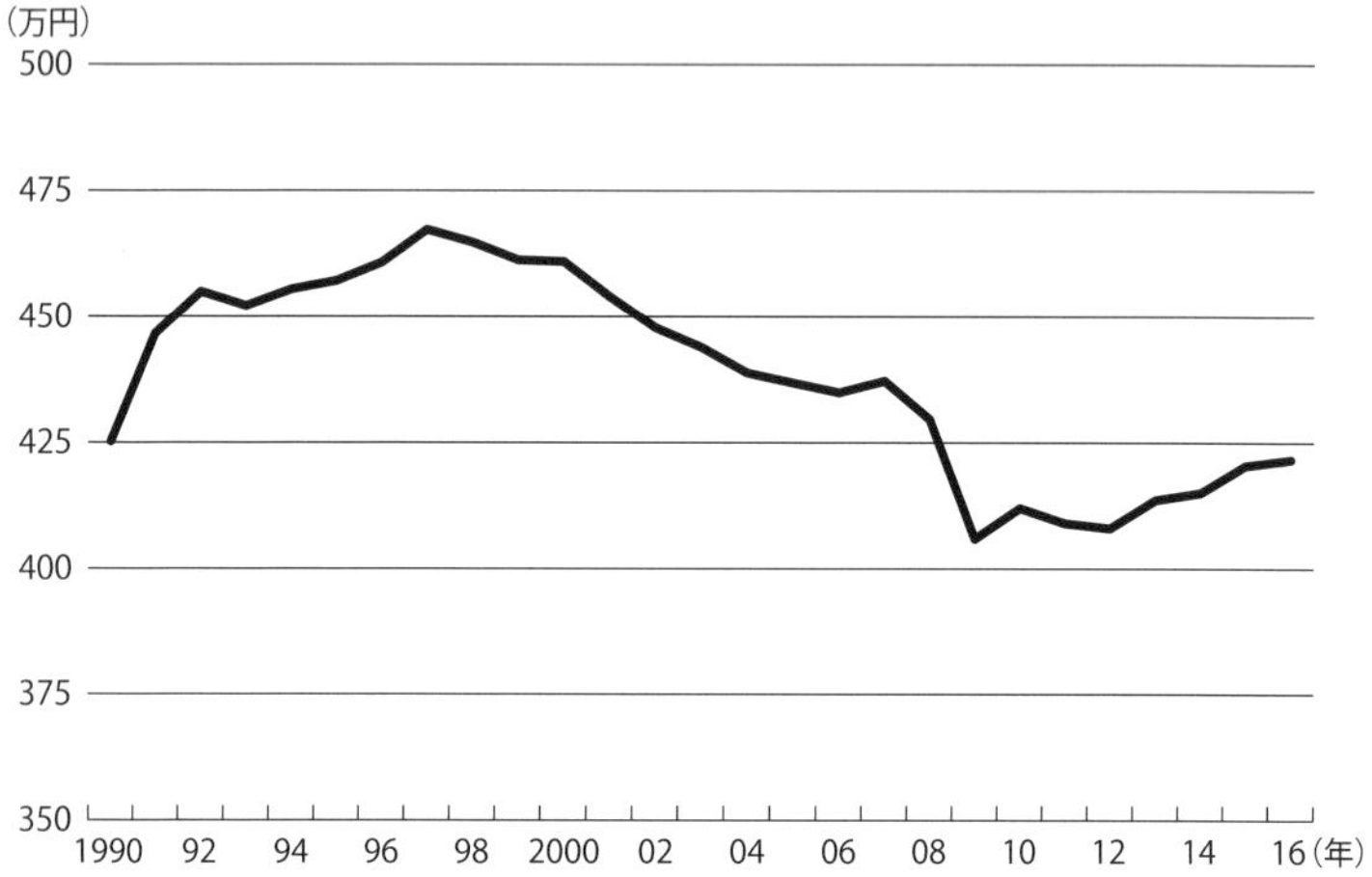

(出所) 国税庁データより筆者作成

経営者の売国行為

上場企業は外資系の投資家から「ROEを上げろ」「配当を増やせ」という圧力を受けて、それに応えています。その中で、配当を増やすために、会社全体の付加価値を増やすのではなく、利益だけを増加させた経営者がいます。

外資系の投資家が自分たちの利益しか考えていないのは当然です。配当を増やした企業の付加価値が増えて、国のGDPが増加することがベストであっても、外資系投資家にとってそれは理想論でしかありません。立場上、彼らがそれを勘案する必要はありません。

付加価値を増やさなかったのに利益を増やした会社は、従業員の給料を削って、それを利益に変え、配当として外資系の機関投資家に渡しています。これを「悪質な経営者」と言わずに何と言いましょう。

そこまで考えずに、悪気なく応えてしまった経営者もいるかもしれません。しかし冷静に考えると、文字通りの「売国行為」をしてしまったと評価されてもしかたがないはずです。

ROE経営はあくまでも付加価値を高め、その増加分の一部を機関投資家に還元することを意味します。資本主義を深く理解せず、外資系の機関投資家に言われるがまま、やってはいけないことをやってしまった日本の一部の経営者は、やはりレベルが低いと言わざるをえません。

なぜ日本の経営者は生産性を上げなかったのか

第5章ではここまで、サービス業を中心とした経営者がどれほど無能かを説明してきました。なぜ、日本の経営者は、これほど無能なのでしょうか。

実は、1990年代までは、経営レベルの低さが指摘されることはありませんでした。199

0年代まで、生産性がずっと上昇し続けてきたという事実もあります。1990年代までできたことが、なぜそれ以降はできなくなったのか。ここからはそれを検証し、それをベースに対策を考えたいと思います。

それを考える前に、経営者たちの「逃げ道」を断っておくことにしましょう。すなわち「1990年代からの経営者が無能だったのではなく、不景気だったからしかたがなかった」という言い訳です。

国連の分析によりますと、生産性向上には「正の循環」が働くと言われています。どういうことかというと、生産性は景気がよくなると改善し、生産性が高まると景気がよくなる、ということです。

すると、景気がいいから生産性が上がっていくのか、生産性が上がるから景気がよくなるのかを見極めるのが難しくなります。統計を見ますと、生産性向上は景気改善から少し遅れる傾向も確認されていますので、仮説としては景気がよくなってから生産性が向上するということになっているようです。だとすると、1990年代までの生産性向上のすべてを、経営者の実績だと考えることはできません。

この説に従うと、日本は１９９０年代に入ってから景気が大きく上向くことがなかったので、生産性があまり向上してこなかったのも自然だと言えるかもしれません。ただし、だからといって生産性を向上させられないということにはなりません。強いリーダーシップがあれば当然可能でしょうし、それがなくても、外部要因によって実現できている例は数多くあります。残念ながら、日本にはこの25年間、生産性を向上させるほどの強いリーダーシップも外部要因も、その必要性の自覚もありませんでした。

株主のガバナンスが弱い：生産性を上げなかった理由１

日本の経営者が無能でいられる最大の理由が、日本の経営者が他の国の経営者に比べ、付加価値を継続的に上げることの重要性を意識していないことです。「継続的に」という点がポイントです。

多くの先進国では、経営者には付加価値を継続的に増やすプレッシャーが強くのしかかっています。そのため、経営者は非常に強い付加価値意識を持ち、簡単に価格を下げるようなことはしません。

元アナリストなのでよくわかりますが、他の先進国では利益の総額だけで企業を評価しているのではなく、利益が継続的に増えるかという点を厳しく見ています。コストを削減して一時的に利益を増やしても高く評価はされません。継続的な利益の増加が求められますので、利益より範囲が広い付加価値の増加に、より注目しています。

ここ数年、日本では過去最高益を稼ぎ出す企業が続出しています。しかしながら、利益が出ているのにもかかわらず、株式市場はいまだにバブル期の水準を大きく下回ったままです。日本株の評価が低いのは、GDPという国全体の付加価値が増えていないからです。

単に労働者の平均給与を下げて利益を増やすという、ここ何年も日本の経営者がとってきた戦略が、世界的には評価されていないことを、低迷し続ける株式市場が物語っているのです。高品質・低価格は世界の投資家に評価されていないのです。

日本では、国内の株主が経営者に対して強く要求することはあまりありません。また経営者も株主のことをあまり気にしてはいません。つまり、経営者と国内株主の関係が、「なあなあ」のぬるま湯状態なのです。

このような状態なので、日本の経営者には付加価値を維持し、さらに増やすという強い意識が欠けています。当然のことながら、価格を上げる意識も生まれません。立派な経営をしているように装いたければ、人口激増時代のように価格を下げてシェアを増やす戦略が一番簡単です。

日本では、国内の株主が経営内容をしっかり監視し、経営者にプレッシャーをかけることがないので、経営者が好き勝手なことをやりかねません。馬鹿げた高品質・低価格戦略で付加価値の出ない状況をつくっても、彼らの首が飛ぶ危険性はないからです。

皆さんもご存じのとおり、創業100年を超える日本の名門企業である東芝が存亡の危機に立たされています。東芝を苦境に追い込んだのは、明らかに経営者のミスです。

この不始末を報告する記者会見に登場した東芝の経営トップの姿勢に、私は大変な衝撃を受けました。名門企業を崖っぷちに追いやり、人の財産を激減させ、多くの人の仕事も奪ったというのに、「大変ご迷惑をおかけしました」とまるで他人事のような挨拶だったからです。

1990年代に多くの金融機関が破綻したときも、同じ衝撃を受けたのを覚えています。会社を破綻させ、株価をゼロにしてしまうということは、それまで期待を寄せ、支えてくれた株主の財産を霧消させる大変な裏切り行為です。しかしながら当の経営者たちは、あたかもお水をこぼした程度の罪しか感じていないような、開き直った態度で会見に臨んでいました。あの光景は、いまだに忘れられません。

海外では持続性のある付加価値増加を求める株主がうるさく、強いプレッシャーがかけられます。会社を破綻させるのは万死に値することです。経営者の真剣度合いが日本とはまるで違うのです。

労働組合の弱体化：生産性を上げなかった理由2

従業員が経営者にかけるプレッシャーが少ないことも、経営者が安易な低価格戦略に走る要因として挙げられます。

とんでもなく安い給料でも、真面目に働く労働者が日本にはいるので、日本の経営陣は安易に価格を下げるという無責任な経営戦略を実行できてしまいます。

日本では当たり前すぎて話題にもならないサービス残業など、欧米ではありえないことですし、過労死などが起きた日には大事件になるのが他の先進国の常識です。

労働者が文字どおり死ぬほどハードに働かされる国なのに、日本の生産性は先進国で最低です。命を落とさなくてはいけないような、高額の給与をもらっているわけではまったくありません。仕事のやり方や企業のあり方を変えなくてはいけないのは明らかです。しかし、日本の経営者たちはこれらを変えることなく、価格を下げるというもっとも安易な戦略を選択して、そのツケを労働者に押しつけているのです。

その証拠に、1990年代のはじめから労働者に分配されるGDPの割合、すなわち労働分配率が日本ではずっと低下しています。これは正社員を減らし、より安い賃金で雇えるアルバイトと非正規雇用を増やし、穴埋めをした結果です。

実は日本企業の中でもっとも賃金を下げているのは、図表5-6にありますように、５０００人以上を雇用している、いわゆる大企業です。１９９５年に比べて、平均給与は24・２％も減らされています。一般的には、財務的に余力が少ない零細企業がしかたなく減らしていると信じられていますが、実はそうではないのです。しかも、大企業の雇用者数は中小や零細企業より大きく伸びているので、悪影響がより大きくなってしまっています。

こんなことが横行しているのに、なぜ日本では労働者がおとなしく働き続けるのか、正直言って理解に苦しみます。もしかしたら、多くの労働者は納得してはいないのかもしれませんが、実際には激しい労働争議もほとんど起きていませんので、結局、経営者の戦略を正すことができません。女性の就業率が上昇したことによって、いまだに労働供給が増えていることも悪影響を及ぼしているのかもしれません。

海外では、労働者が賃金の引き上げをうるさいほどに求めてきます。しかし、経営者も安易に賃金を上げるわけにはいきません。そこで、賃金の引き上げの条件に、労働者には生産性の向上を求めます。このようにして、双方によい緊張関係が生じているのが先進国での常識です。

図表5-6　事業所規模別の人員数・平均給与

年	10人未満		10人以上		30人以上		100人以上	
	人員（千人）	給与（千円）	人員（千人）	給与（千円）	人員（千人）	給与（千円）	人員（千人）	給与（千円）
1975	7,769	1,576	6,533	1,704	6,511	1,772	6,895	1,956
1985	9,126	2,363	7,571	2,804	7,555	2,992	8,641	3,326
1995	10,832	3,368	8,434	3,736	8,860	3,805	10,632	4,203
2005	10,986	2,951	8,098	3,448	8,784	3,461	11,317	3,842
2015	9,092	3,052	7,847	3,247	9,343	3,382	12,237	3,676
【変化率（%）】								
1975～2015	17.0	93.7	20.1	90.6	43.5	90.8	77.5	88.0
1995～2015	−16.1	−9.4	−7.0	−13.1	5.4	−11.1	15.1	−12.5

年	500人以上		1,000人以上		5,000人以上		合計	
	人員（千人）	給与（千円）	人員（千人）	給与（千円）	人員（千人）	給与（千円）	人員（千人）	給与（千円）
1975	1,999	2,180	3,108	2,427	1,370	2,604	34,185	1,868
1985	2,578	3,803	4,416	4,301	2,144	4,668	42,031	3,163
1995	3,600	4,731	5,796	5,115	3,734	5,372	51,889	4,107
2005	3,921	4,241	6,815	4,405	4,413	4,693	54,334	3,710
2015	4,676	4,103	7,548	4,185	5,945	4,071	56,689	3,612
【変化率（%）】								
1975～2015	134.0	88.2	142.8	72.5	334.0	56.3	65.8	93.3
1995～2015	29.9	−13.3	30.2	−18.2	59.2	−24.2	9.2	−12.1

（出所）国税庁データより筆者作成

インフレがない：生産性を上げなかった理由３

海外の労働者が賃金の引き上げを必死で求めてくる理由の１つは、インフレで物価が毎年上がるからです。物価が上がるにもかかわらず給料が上がらなければ、生活水準が下がってしまいます。だから、毎年給料の引き上げに真剣になるのです。

一方、日本は長年デフレに苦しみ、今もそこから完全に抜け出せたとは言えない状況が続いています。つまり、日本では長いこと物価が上がっていないので、毎年給料が上がらなくても、労働者の生活水準が著しく低下することはありません。そのため、労働者から経営者サイドに、プレッシャーをかける真剣さが欠けてしまうのです。

こうして、経営者は価格を上げる知恵も能力もなくしてしまう一方、消費者も物価が上がらないことに慣れきり、経営者に圧力をかけることがなくなってしまっているのです。

インフレがない、すなわち物価が上がらない状況も、経営者たちに安易に低価格戦略をとらせてしまった要因の１つと言えるでしょう。インフレがないので、生産性向上のプレッシャーがないのです。

超低金利政策：生産性を上げなかった理由4

日本はインフレ率が地を這うように低いので、当然ながら金利もきわめて低水準です。金利が低いということは、企業にとっては借金の金利を支払わなくてはいけないプレッシャーが少ないことを意味します。利払いのプレッシャーがないことも、経営者たちを安易な低価格路線に走らせてしまった要因の1つになっています。

本来、企業は資金調達のために貯蓄をしている人から借金をするので、相応の利息を払わなくてはいけません。しかし、日本銀行の政策もあって、預金者にはほとんど利息が払われていません。当然、その分だけ企業の利益が増えます。

つまり日本では、経営者の無能が生んだ損失を、貯蓄者が負担する構造ができあがっているのです。

人口減少が始まっても、日本では経営者が適切な対応をとらず、経済を低迷させてきたのですが、彼らはこの経営戦略失敗の損失を、労働者や貯蓄者に転嫁することだけには成功したのです。

輸入がきわめて少ない：生産性を上げなかった理由5

他の先進国に比べると、日本は比較的輸入依存度が低い国です。このことも企業経営者にかかるプレッシャーを軽くする遠因となっています。

輸入依存率が高い国の場合、製品やサービスと同時に、海外からインフレを輸入することになります。

先ほど、人口が増えている国はインフレになりやすいと説明しました。おそらく、人口減少問題を抱えているイタリアやスペインなどがデフレになりにくい理由の1つは、ユーロを導入していることによって、他のユーロ圏の国々、すなわち人口が増えている国のインフレを輸入しているからだと考えられます。

総じて言うと、無能な経営者にとって、日本はこれ以上ない天国のような国です。

第3章でも述べたように、日本にはマスコミを中心に、実態がどんなに悪くてもそれを無視して、無条件に全面肯定する傾向があります。生産性が低いのは事実なのに、高品質・低価格やデフレなどの屁理屈を並べて、事実を隠し立てしようとする。さらには、本当に実態が悪くても、「それは一面そう見えるだけで、別な見方をすればよい」「日本型資本主義だから」とごまかす論調も少なくありません。

要するに、理屈にもならない言葉で適当にごまかせば許されてしまうので、改革をする方向につながらないのです。アナリストとして17年間金融機関を担当していたときも、同じような問題に悩まされたのを思い出します。

なぜ量的緩和してもインフレにならないのか

アベノミクスの3本の矢の1つは、量的緩和です。私は量的緩和を実施したことは円安の影響も含めて正解だったと思いますが、インフレにならなかったことには、特に驚きを感じてはいません。

そもそも、量的緩和は、右肩上がりの経済成長のトレンドに対して需要が一時的に足りない場合に実施してこそ効果が得られるものです。お金の流れが改善して、景気が本来のトレンドに戻る。人口が増えて、潜在的にインフレ圧力がかかっている米国や欧州で実施すれば、インフレに戻すことが期待できます（図表5−7）。

図表5-7　日米の量的緩和効果の違い

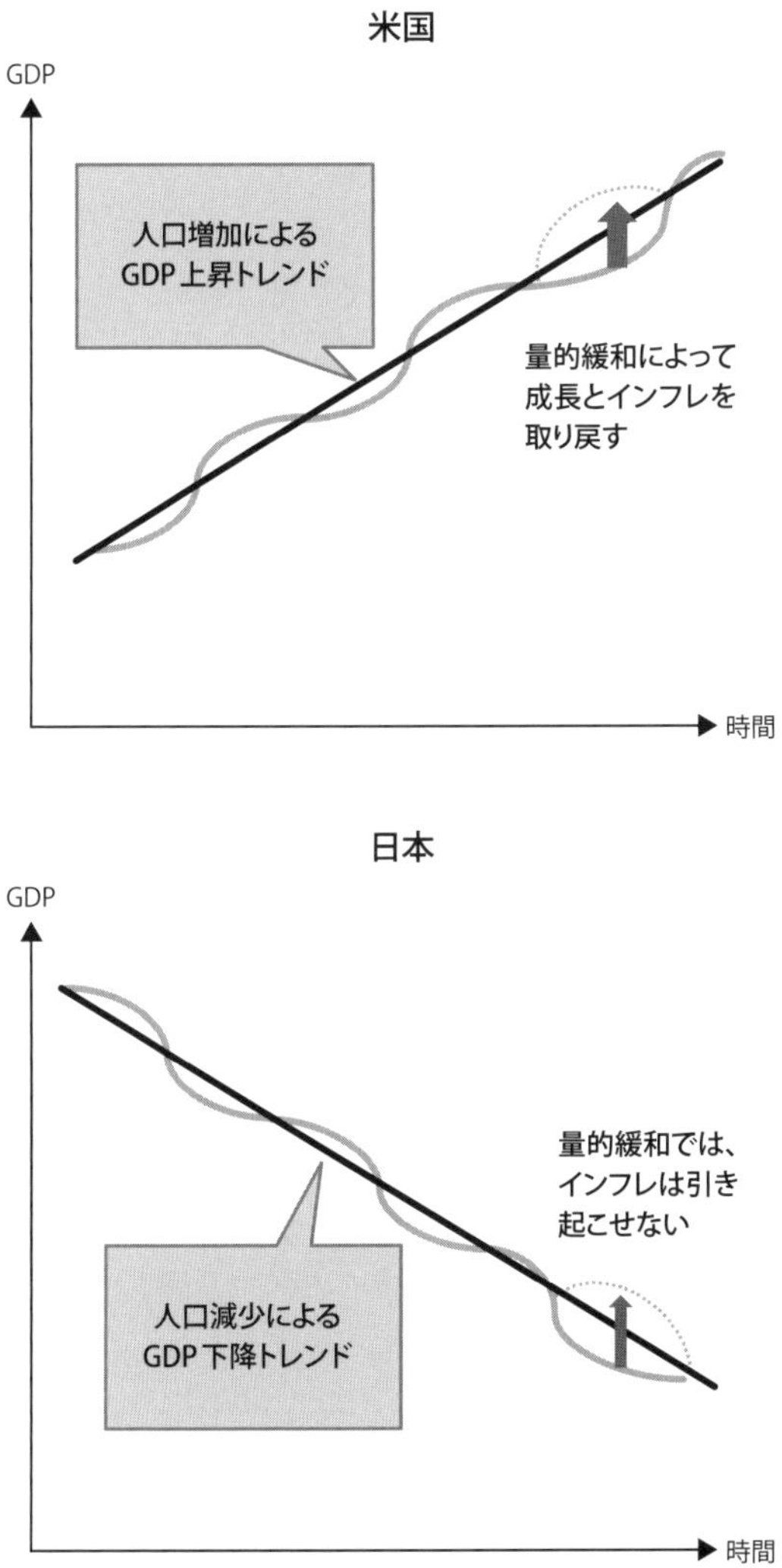

しかし、消費者が減っている日本では、構造的に需要が減少していますので、潜在的にもインフレ圧力はかかっていません。生産性向上政策を実施しておらず、経済トレンド自体が下がっていますので、この状況で量的緩和をしても、トレンドラインに戻すことがせいぜいで、インフレにならないのは当然です。

要は、人口が増えている国で実行してこそインフレを起こせる量的緩和政策を、人口が減っている日本で実行したのです。これで同じ効果を期待していたエコノミストは、人口動向の違いとその意味を理解していないと言われてもしかたがないでしょう。

ここで、「はじめに」でご紹介したペスト後の欧州を思い出してください（図表1、6ページ）。この時代の欧州では賃金が大幅に上がったにもかかわらず、インフレになりませんでした。専門家は、その理由を「労働者が昔とは違うものを買うようになったから」と分析しています。パンを減らして肉を買う。安い服を買わずにシルクの服を買う。要は、より高価なものに需要がシフトしたため、物価指数が上がらなかったのです。日本は、この時代から学ぶべきなのです。

私は、量的緩和が日本で「思うような」効果をもたらさなかった理由は、ここにあると思っています。

アベノミクスの効果が「思うように」出ていないのは、需要構造の変化への認識が不十分であり、企業の行動を変えるための「第三の矢」が企業を動かせていない点にあります。

これまで議論してきたように、日本の経営者は総理にお願いされたからといって、そう簡単に動き出したりはしません。アベノミクスは、日本の経営者を過大評価しているところに欠点があります。

日本の経営者報酬は本当に少ないのか

日本の経営者の報酬について、一言、私の考えを申し述べておきます。

日本では、海外の役員報酬が高く、日本はそれに比べると安いと言われていますが、これも物事を正しくとらえているとは言いがたいと思います。

まず、給料として受け取る額の違いはたしかに存在します。しかし、たとえば私がゴールドマン・サックスに勤めていたときは、報酬のほとんどは給料で、経費はあまり使わせてもらえませんでした。

一方、日本の経営者たちは、経費をかなり自由に使えるので、実質的な報酬は給料としてもらっている額よりもずいぶん多くなっているはずです。

つまり、表面に見える給料の額を取り上げるだけでは、きちんとした比較はできないのです。

それはともかく、仮に海外企業の役員報酬が額面どおり日本よりかなり高いとしても、それはそれでしかたがありません。他の先進国と日本の役員報酬の差が生産性の違いにあるとすれば、役員報酬に差があったとしても、納得するしかないでしょう。

日本はインフレがなく、金利もきわめて低く、社員は優秀で、最低賃金も異常に低い。これで儲からないとか賃上げできないと言っている経営者は、まさに「奇跡的な無能」だからです。

１９９０年代はじめから生産性を上げることができなかった日本の経営者は、今の給料でも低いどころか高すぎます。日本の経営者は最大のミッションだった付加価値の向上をまるっきり達成できていないのですから。そもそも給料をもらう資格がない人も少なくないと思います。

もしかしたら、自分たちのもらっている報酬が少ないと感じていることも、日本で生産性が上がらない理由の１つなのかもしれません。「このぐらいの給料しかもらっていないから……」と、自分たちの生産性の低さを容易に正当化できます。

生真面目な人が多い日本人なので、給料が高ければ高いほど頑張るでしょう。逆にたいしてもらえていなければ、一所懸命働くプレッシャーが弱くなるのもしかたがないかもしれません。

米国の経営者が世界一有能なのは、労働者が無能だから？

世界一経営者の報酬が高いと言われる米国では、やはり経営者が優秀です。

先日、米国でレストランのネット予約のシステムを開発している企業に話を聞いたのですが、最近ニューヨークなどの大都市では、レストランのネット予約が進み、レストランの生産性が上がっているそうです。しかし、日本ではこのシステムはなかなか普及していません。

この会社は、米国でレストランのネット予約が普及した背景を「米国人労働者がいい加減だから」だと指摘していました。

電話で予約を受けた店員が、日にちや時間、人数を間違えたり、そもそも予約を受けたこと自体を忘れたりするのは日常茶飯事で、クレームが絶えない。だからこそ機械で予約を受けるようにするお店が多いと説明を受けました。

一方、日本人は真面目で、予約の際に米国人のようなミスはめったにしないので、問題になることはほとんどありません。問題が顕在化しないので、解決のための技術もアイデアも必要ありません。店員も一所懸命仕事をしているので、経営者にはその人から仕事を取り上げたくないという感情も芽生えます。

このような状況なので、日本ではネット予約を導入するレストランが少ないと、説明してくれた会社の人は嘆いていました。

米国のレストランはこのシステムによって効率性も上がっていますし、ミスがなくなっているので、付加価値も上がっていると言えます。

たしかに米国に行くとサービスのレベルが低く、いらいらさせられることが少なくありません。労働者の質が、日本に比べて明らかに低いと感じますし、データでもそれは裏づけられます。

しかし、一方で経営の質に関しては、米国は世界一と言ってもよいかもしれません。米国は労働者の質が悪いのに、かなり高い生産性を生み出せています。これは経営者が有能ということでしょう。

これはおそらく、労働者の質が低いから、経営者がなんとかしなくてはいけない。経営者が頑張るから、それに甘んじて労働者の質が上がらない。こんな力学が、米国の労使の間に働いた結果ではないかと分析しています。

一方、日本では労働者の質が高く、黙っていても皆よく働きます。極端な話、経営者が相当でたらめな経営をしても、労働者がなんとかしてしまう上に、経営者に対して文句も言わない。だから、日本ではいつまでたっても優れた経営戦略が育たないのではと思うことがあります。

イタリアやスペインの生産性はかなり低いですが、労働者の質もかなり低いので、ある意味当然の結果だと言えます。しかし、日本はトップクラスの質の高い労働者がいながら、スペインやイタリアより低い生産性しか出せていないのです。こんな優秀な人材をこんなに無駄に使うとは、奇跡的に無能な経営戦略としか言いようがありません。ある意味で、天才的だとすら思います。

「プロ意識の欠如」は40年前から指摘されていた

私が大学生だったころ、多くの学者が今の日本の状態を予言していました。

日本で行われていた、外部からなんの制限も受けない経営では、経済合理性や利益、株主を無視したやり方が横行し、経営者は独りよがりになりやすい。投資したまま長らく回収せずに経営を続ければ、そのうち資本が足りなくなり、設備投資もできなくなり、しまいには給料も支払えなくなる。そんな企業が増えれば、国自体も厳しくなる。このように言われていたのです。

この予言のとおり、長年にわたって経済合理性を無視し、日本的経営や日本型資本主義などを言い訳に改革を拒んできた結果、日本では国の借金が膨らみ、年金も不足し、金利もつかない状態に陥っています。企業も長年にわたって、従業員の給料を下げ続けています。

戦後の復興と、前例のない人口の急激な増加を追い風に、急速な発展を遂げた日本では、「経済合理性が関係ない国」という日本特殊論が生まれました。しかし、人口が減少に転じたとたん、日本は世界一経済合理性を追求せざるをえない国になってしまったのです。

ではどうすればいいのか。第6章と第7章で、日本が行うべき改革を考えます。

第6章

国がとるべき「3つの生産性向上策」

アベノミクスの「第一の矢」と「第二の矢」は国主導で完結しますが、「第三の矢」は民間企業を動かさなくてはなりません。ここができていないのが、アベノミクスが「思ったような」効果を出せていない最大の理由です。

しかし、民間企業が動かないことにはアベノミクスは成功しませんので、以下では民間企業の動かし方を考えたいと思います。

これからの日本経済は、実は生産性が上がりやすい環境となります。「はじめに」に書きましたように、人口の極端な減少によって経済が激変するからです。政府は上手に政策を実施することによって国民の生活を救済することができます。そのためには、以下の3つの政策が非常に重要です。

（1）企業数の削減
（2）最低賃金の段階的な引き上げ
（3）女性の活躍

労働者激減は生産性改革を引き起こす

これから日本人労働者が減少すると、労働市場の需給は今よりもずっとタイトになります。

図表6-1　企業規模別の年間平均給与と雇用者数

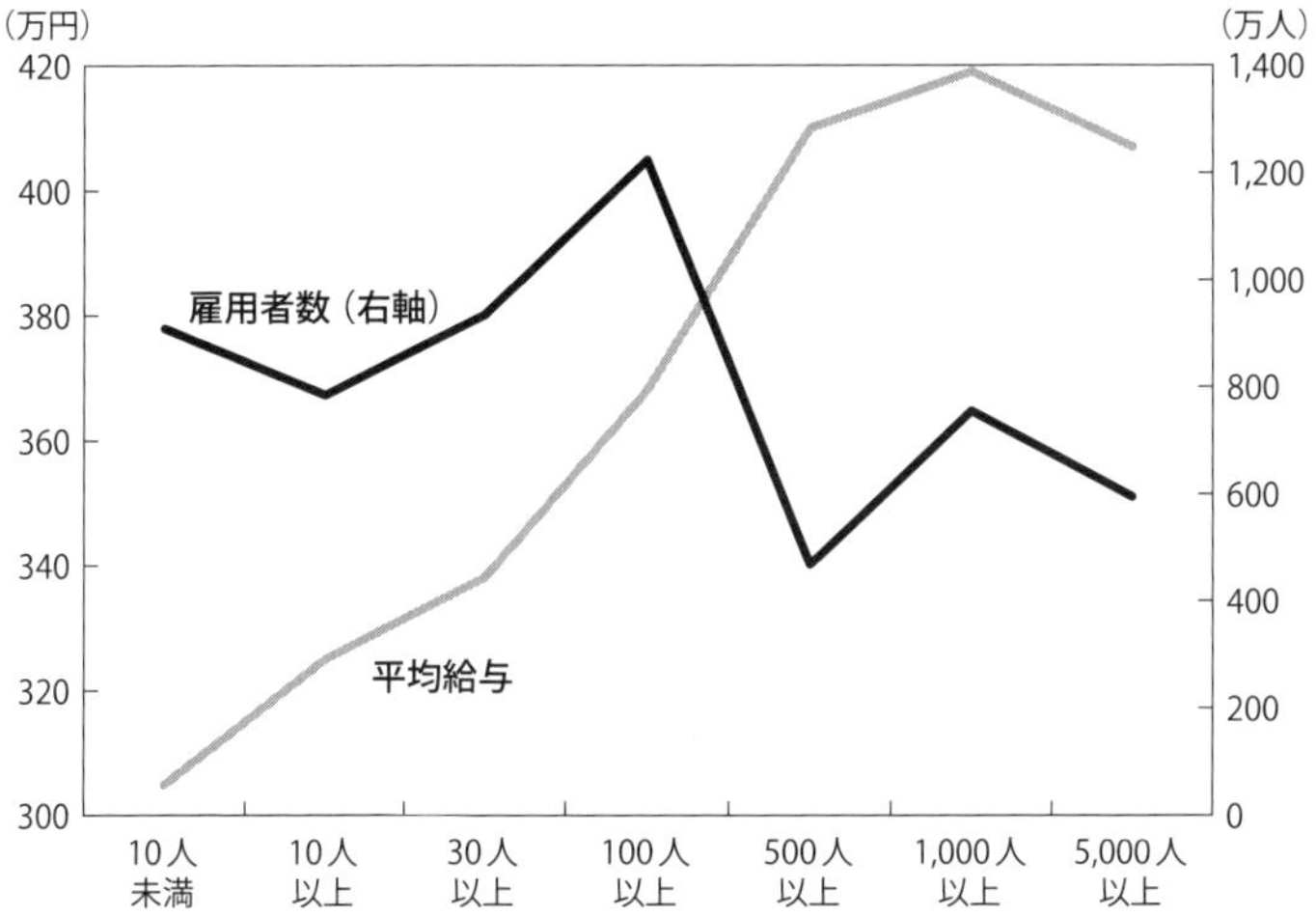

（出所）統計局データ（2015年）より筆者作成

労働力不足が顕著になると、企業間で労働者の奪い合いが起きるはずです。同時に労働者の立場が強くなり、彼らは給料と労働環境のいいところを率先して選ぶようになります。

そのため、付加価値が高く、労働者により高い給与の出せる企業が絶対的に有利になります。付加価値が低く、給与水準の低い、生産性の低い企業からは人が消えることでしょう。不当に低価格の商品をつくっている企業は、雇用が確保できなくなるので、消える運命をたどることになります。

図表6−1にありますように、小さい企業ほど給与が低いので、離職者も引き留められないでしょうし、今の労働条件では新しい雇用の確保は困難でしょう。

図表6-2　企業規模別の雇用者数増減率（1995〜2015年）

企業規模	増減率（%）
10人未満	−16.1
10人以上	−7.0
30人以上	5.4
100人以上	15.1
500人以上	29.9
1,000人以上	30.2
5,000人以上	59.2

（出所）国税庁データより筆者作成

実は、すでにここ数年、今説明したとおりのことが起こり始めています。データを見ると、規模の小さい企業ほど雇用者数が減少し、大きい会社にシフトする傾向が顕著に見られます（図表6－2）。

このように、給与の低いところから高いところへ労働者がシフトする現象は、今後ますます進んで、止めたくても止められなくなることでしょう。

生産性の低い企業は人を採用することができなくなるので早晩消える運命にあることは、データからも明らかです。国の生産性はあくまでも全体の平均ですから、生産性の低い企業が消えることによって平均値が上がります。この動きは歓迎すべきです。この動きに対してもっとも大事なことは、政府が余計なことをしないことです。おかしな経済対策を打って、放っておけば自然に起こる生産性向上の動きを阻害しないことが非常に重要です。

日本人の平均的な教育水準も、これからの時代、今よりさらに上がるはずです。たとえば、東大、京大、早稲田大、慶應大など、いわゆる名門大学が人口の減少に合わせて定員を減らさない限り、これらの学校で高度な教育を受けられる国民の割合が上がります。つまり、高い給料をもらうべき人の割合が増えるのです。人余りでしかたなく低い給料で働くしかなかった人の選択肢も広がります。そして、ますます付加価値の低い企業には人が集まらなくなります。

超低金利政策は「生産性低迷」と「格差社会」の原因

では、なぜこの動きは歓迎すべきものなのでしょうか。

ＯＥＣＤの生産性に関する報告書（The Best versus the Rest: The Global Productivity Slowdown, Divergence Across Firms and the Role of Public Policy）では、以下のような指摘がなされています。

先進国で最近、生産性成長率が低下している理由は、生産性の悪い企業に対する各国政府の支援と低金利政策により、企業の新陳代謝が低下し、生産性の低い企業が生き延び、経済に占める生産性の低い企業の比率が上がっていることにある。生産性の低いままの企業は低い給料しか支払えないので、継続的に付加価値を高めている企業との差が開くことにより貧富の差が拡大している。

きわめて示唆に富んだ深い指摘です。１９９０年代からの日本政府の政策ミスを如実に語っているように思います。

日本の場合、ミスの本質は単純ではありません。歴代政府の期待に企業が応えてこなかったことがミスの本質で、一方、企業の動きを予想できなかったことが、政府のミスでした。

金利を低くしたりするなど、今まで政府は零細企業や中小企業を徹底的に支援してきました。政府の意図は企業に改革するチャンスを与えることだったはずです。しかし、多くの企業は支援されることによって、プレッシャーから解放され、改革を怠るようになってしまったのです。いわば政府が差し伸べた救いの手を逆手にとったのです。

これらの支援策は霞が関の性善説的な考えにもとづいて実施されましたが、残念ながら、それによって中小企業の業績が改善したというデータはほとんどありません。日本政府は、企業を守ることによって企業が強くなることを期待していたのに、企業は逆に補助に頼り切り、自立する力を失ってしまったのです。

本書でたびたび指摘しているように、日本企業は１９９０年代から生産性が向上していません。一方で、金利の低下を筆頭に、生産性を向上させるプレッシャーも受けていません。そして、企業の生産性が向上しなかった分を、国が穴埋めしているのが日本の現状です。その結果として、国の借金が山のように積みあがってしまったのです。

「中小企業が好き」意識を改革せよ

日本では、経済合理性を無視することによって、国の財政が崩壊の危機へと向かっています。国は企業に対して、徹底的に生産性の向上を求めるべきです。利益の追求ではありません。付加価値を向上させるのです。

相手が上場企業ならば、政府は比較的簡単に付加価値を向上させることができます。年金基金が株式を保有している企業に対して、大株主として生産性向上目標を設定させ、目標達成ができない社長は次から次へ首を切り、目標達成できる社長があらわれるまで切り続けていけばよいのです。

難しいのは非上場企業で、中でも中小企業が問題です。日本の生産性悪化の一番の原因が中小企業なので、中小企業が一番、生産性を向上させなくてはいけません。しかし、日本で中小企業の生産性向上を一番邪魔しているのが、実は政府自身なのです。なぜならば、政府が「守

図表**6–3**　企業数と就業人口

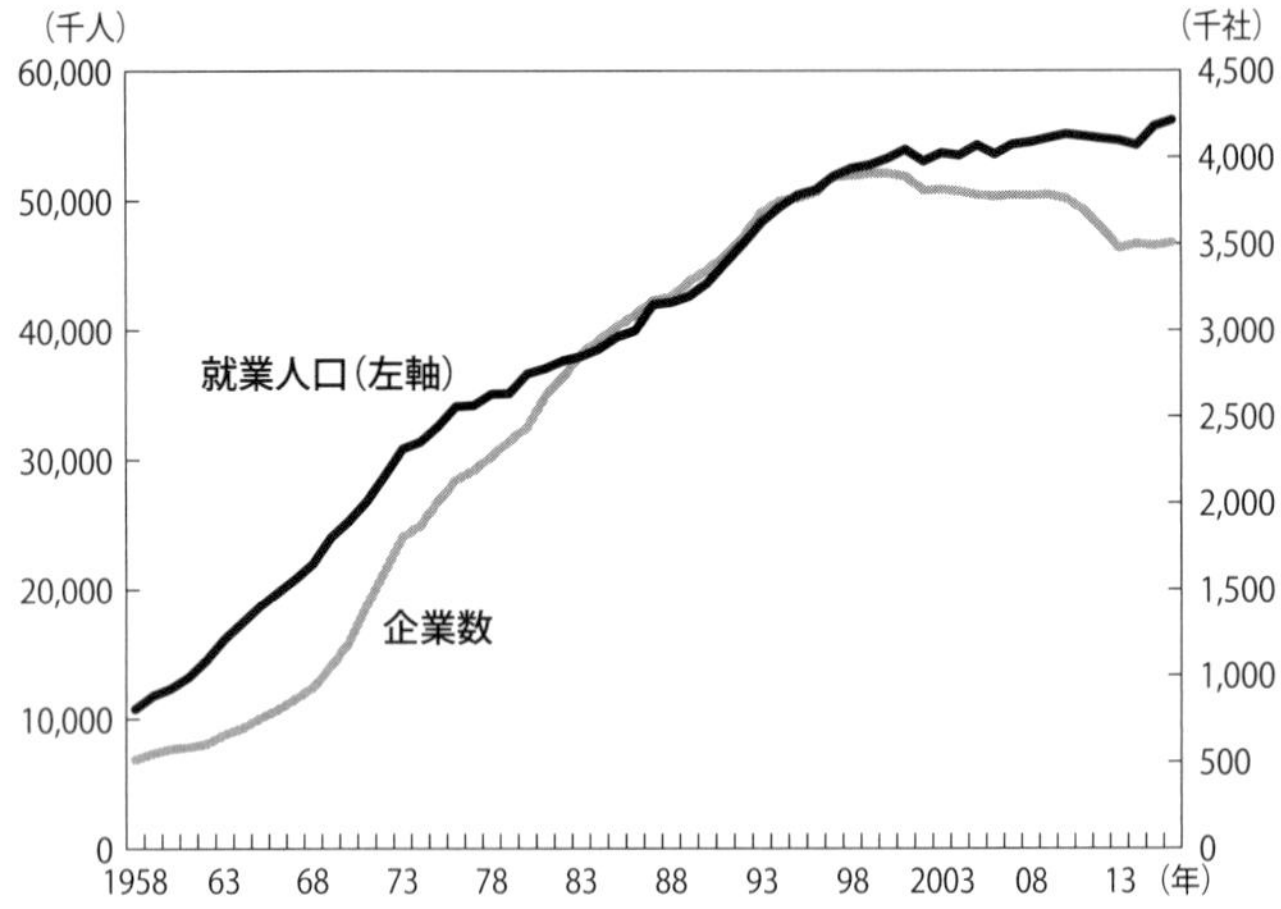

（出所）国税庁データより筆者作成

るべきでない企業」も守ってしまうからです。

人口が増えていたころの名残なのか、日本政府は国内の企業の数が多いことを好ましいと考えています。特に中小企業が好きなようで、中小企業の数がちょっとでも減ったり、倒産や廃業が増えたりすると大騒ぎになります。従業員がどういう状態で働かされているかより、中小企業の数に敏感なのが日本政府です。

たしかに人口が増えている間は、それは正しい政策であり、あるべき政府のスタンスです。戦後からつい最近までは人口増加によって需要者の数が増えて、需要増が担保されていましたので、国が供給側（企業）を重視するのは正しい政策

図表6-4　1企業あたりの平均社員数

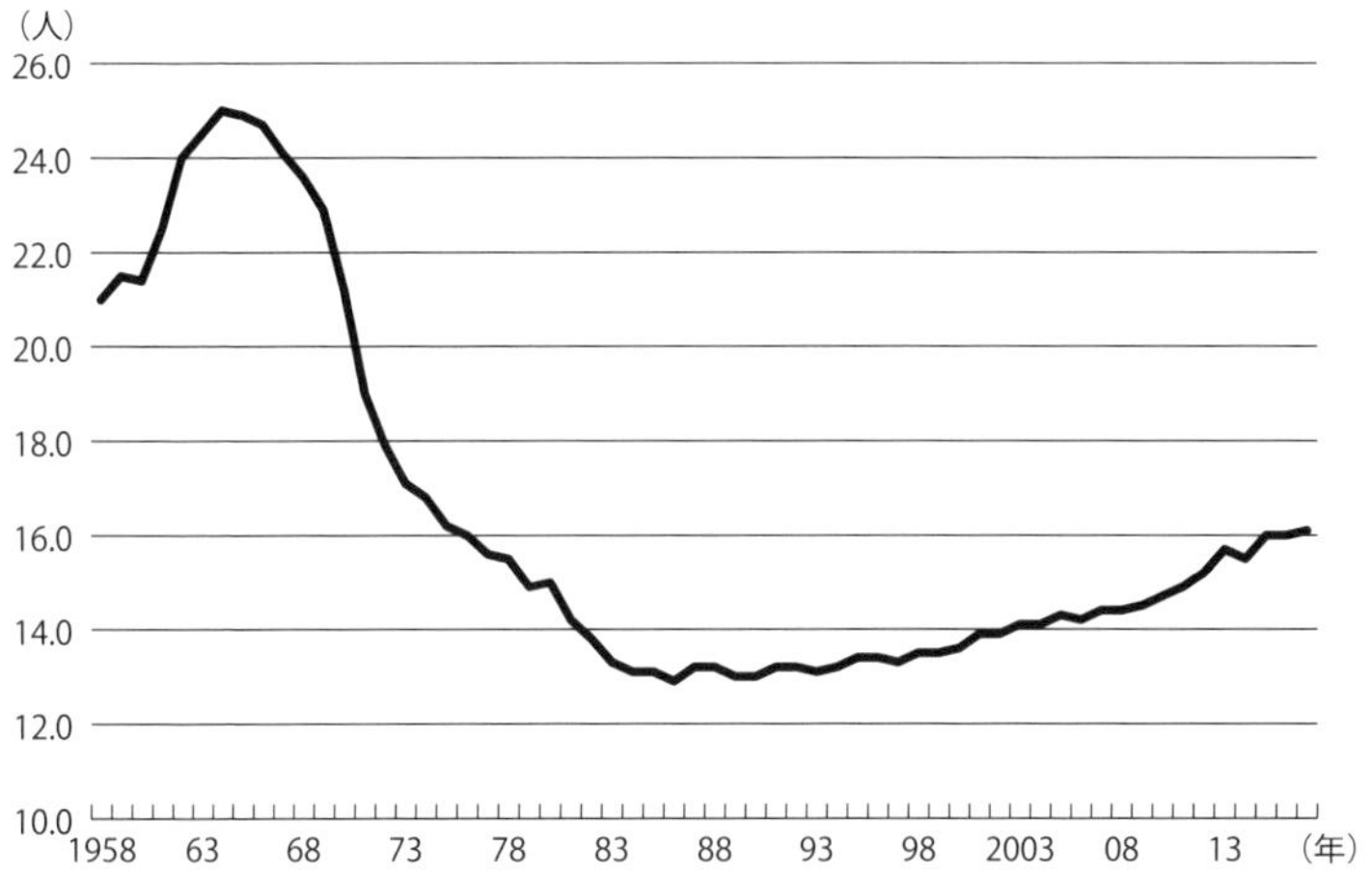

（出所）国税庁データより筆者作成

です。それを受けて日本企業の数は人口増加に比例して大幅に増えました（図表6－3）。

増えすぎた「生産性の低い」企業

問題は、日本経済の黄金時代だった1964年をピークに、バブル崩壊までの間、人口増加以上に企業の数が増え、1企業あたりの社員数がずっと減ってきたことです（図表6－4）。常識的に考えれば、これは生産性向上に悪影響を及ぼしているはずです。過去の実績を分析してみると、世界における日本企業の生産性の優位性は、企業数が増えれば増えるほど弱まっていたのがわかります。

図表6-5　1975〜95年の企業数の増減――生産性の低い企業が増えた

企業規模	1975年	1995年	増減数
10人未満	1,629,427	3,130,983	1,501,556
10人以上	395,030	522,290	127,260
30人以上	124,464	173,053	48,589
100人以上	34,912	53,990	19,078
500人以上	2,888	4,987	2,099
1,000人以上	1,663	2,669	1,006
5,000人以上	154	361	207
合計	2,188,538	3,888,333	1,699,795

（出所）国税庁データより筆者作成

図表6-5をご覧ください。これは1975年から1995年までの企業数の推移を、企業規模別に示したものです。この間、日本の企業数は約170万社増加しましたが、その実に88%、約150万社が、従業員数10人未満の会社でした。給与水準のもっとも低い企業を中心に増加してきたのです。

すでに始まっている改革

これからはさらに、人口が減ります。2060年までに、日本の労働者は約42・5%減る見通しです。図表6-6をご覧ください。これは、生産年齢人口を企業数で割った数値をグラフ化したものです（2015年以降の企業数は固定）。2015年には22人だった「1企業あた

図表**6-6　1企業あたりの生産年齢人口の推移**

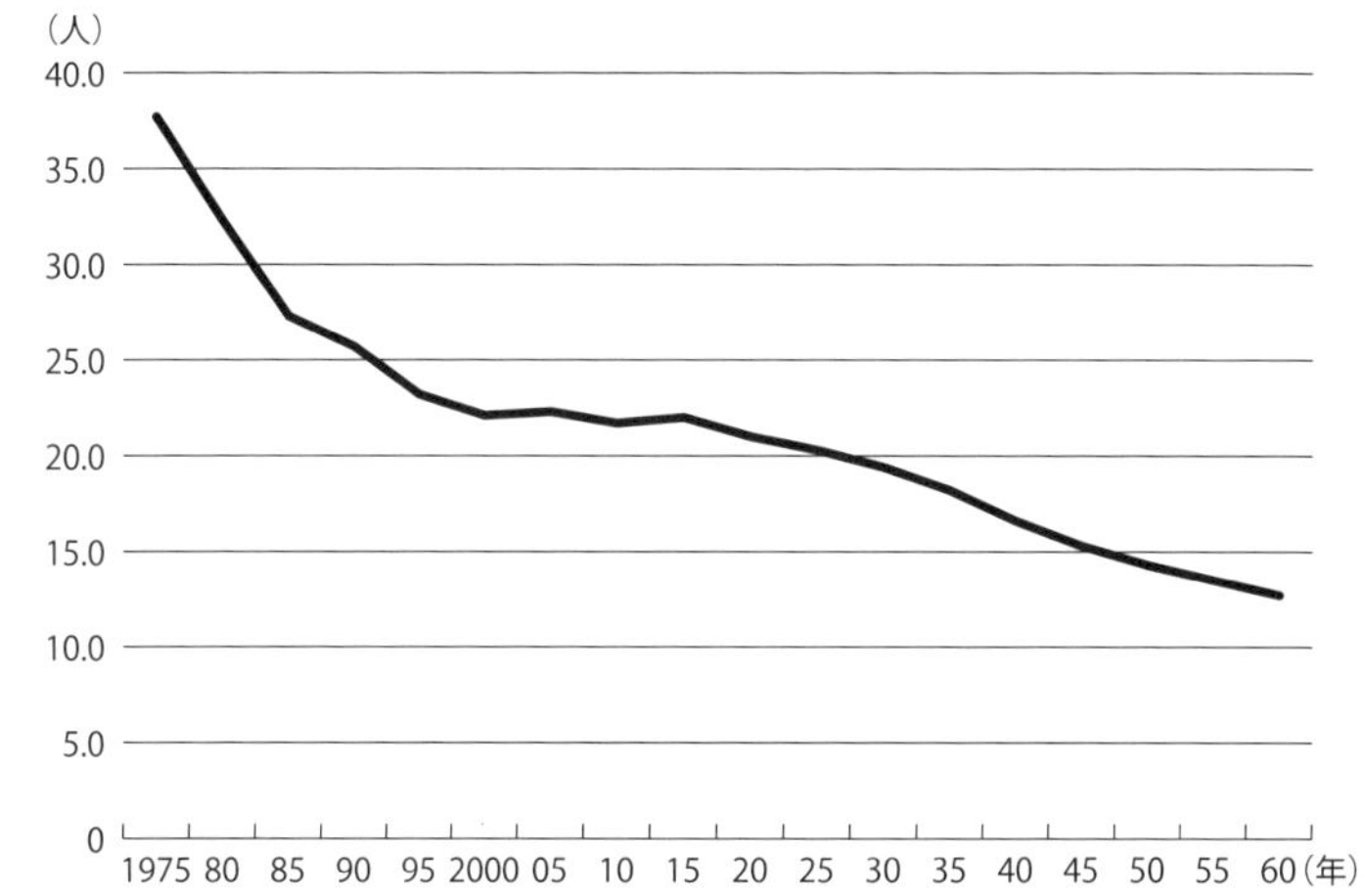

（出所）国立社会保障・人口問題研究所、国税庁のデータより筆者作成

り生産年齢人口」は、２０６０年には12・７人まで減少してしまいます。

人口増を反映して増えてきた企業数も、人口が減るのに比例して大幅に減らないと、企業の規模はさらに縮小し、もっと非効率になって生産性が悪化してしまいます。ＩＴなどの負担の増加を考えれば、当然１社あたりの就業者数を増やし、規模の経済を追求させなくてはいけません。

日本では１９９３年以降、人口減少によって総需要が減少しています。マクロ的に見れば、比例して総供給を減らすべきなのは明らかです（図表６－７）。しかし、本来はそのマクロ分析の結果以上に日本は新陳代謝が求められています。世代の変化がも

図表6-7　日本は企業数を減らす必要がある

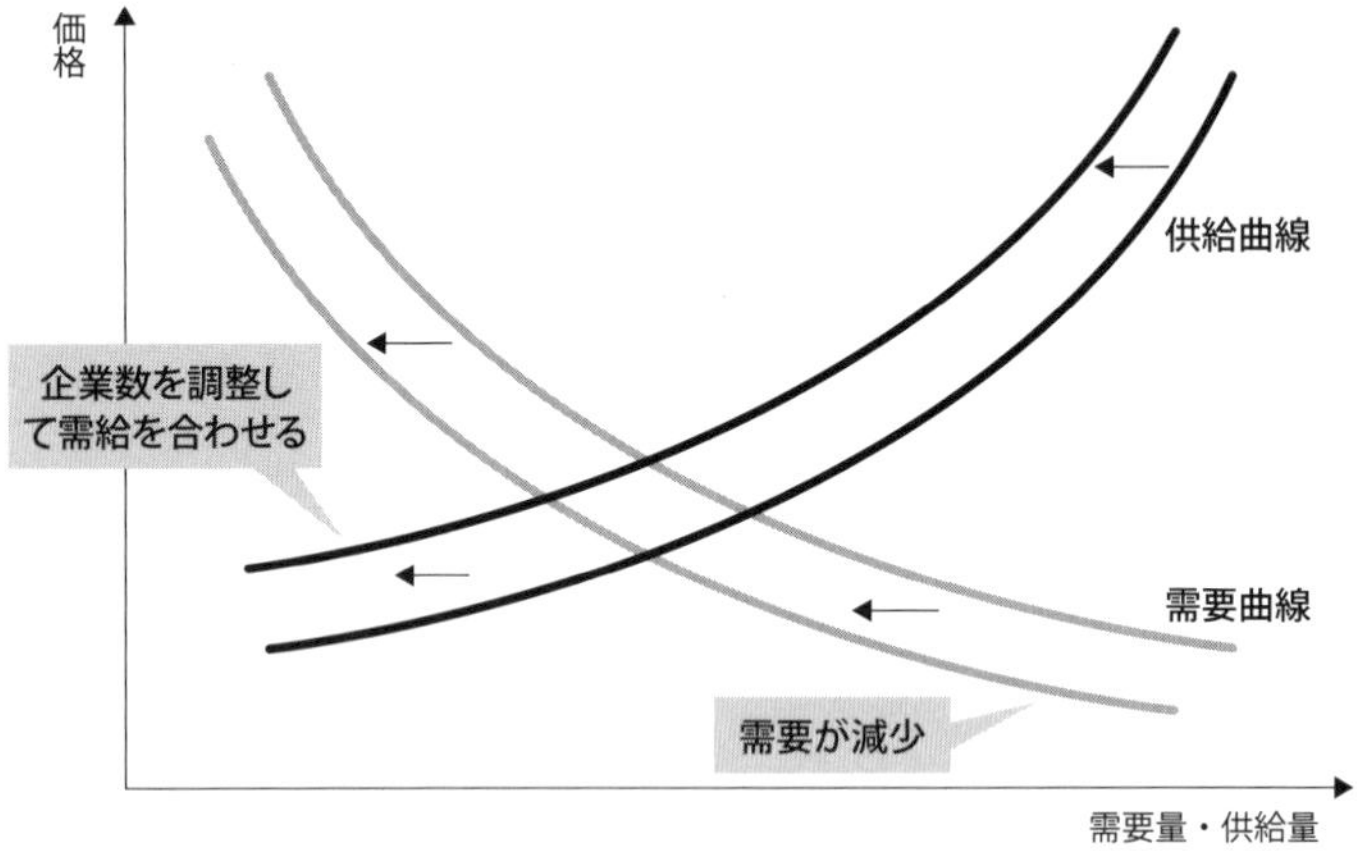

たらす需要の変化によって、需要と供給がさらに合わなくなっているので、既存の企業数は見た目以上に過剰になっています。その結果、競争が激化、高品質・低価格という屁理屈がまかり通り、デフレが始まりました。

これは言ってみれば、企業の生き残り戦争の始まりです。これから企業数を減らしていく政策を実施しないと、今緩和されているデフレ圧力がふたたび強まる可能性が高いです。

幸いなことに、企業数は生産性の低いところから静かに減っています。1995年の389万社から、今は352万社まで減りました。1社あたりの社員数も増えており、全体で見ればいい方向に進んでいると評価できます。特に、給与がもっとも少ない、従業員10人未満の企業の数がもっとも減っているのは、1つの安心材料でしょう（図表6－8）。

図表6-8　1995〜2015年の企業数の増減――生産性の低い企業が減った

企業規模	1995年	2015年	増減数
10人未満	3,130,983	2,772,047	－358,936
10人以上	522,290	499,805	－22,485
30人以上	173,053	179,131	6,078
100人以上	53,990	59,719	5,729
500人以上	4,987	7,162	2,175
1,000人以上	2,669	3,366	697
5,000人以上	361	551	190
合計	3,888,333	3,521,781	－366,552

（出所）国税庁データより筆者作成

子供の数と企業数

この流れは、子供の数と企業数を見てもわかります。

1958年、日本企業1社に対して、3・1人の子供が生まれました。これは、将来的に企業は1社あたり平均して3・1人の新卒者を雇うことができたことを意味しています。

一方、2015年には1企業あたりの子供の数が0・28人まで減っていますので、将来的に新卒者を雇いたくても、企業は平均して3・6年に1人しか雇うことができないのです（図表6－9）。

図表**6-9**　1企業あたりの子供の数

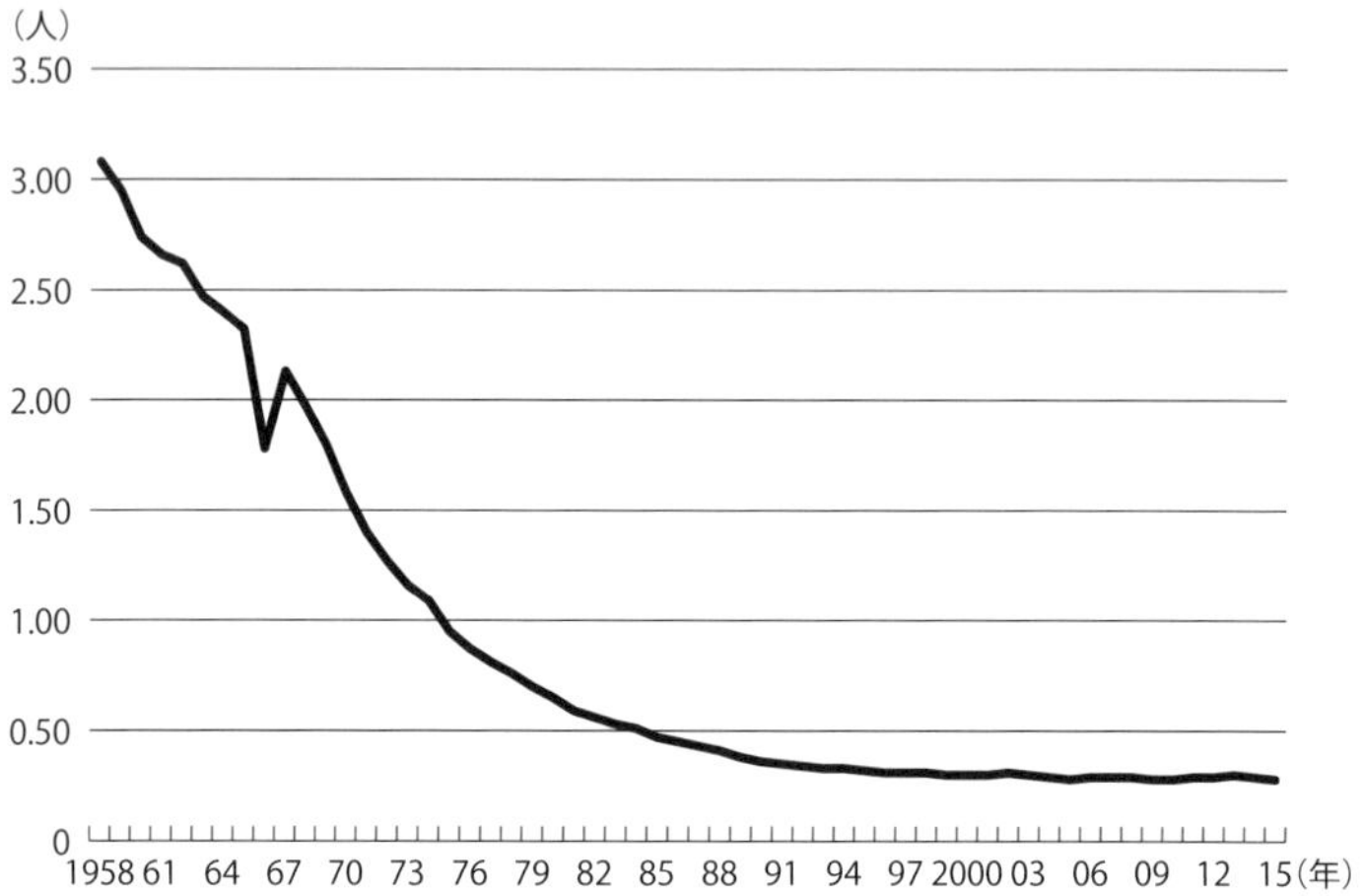

(出所) 統計局のデータより筆者作成

新卒者からすると、もっとも条件のいい企業を選んで就職を決めるのが合理的でしょう。となると、今のままの企業数では、規模が小さく給与が低い企業には人が集まらないのは明らかです。

１社あたりの平均社員数を25人とすると、今現在の約352万社から、2060年には131万社まで減る計算となります(図表6−10)。あくまで机上の計算ですが、実に約221万社も減少すると予想されます。驚くような減り方に見えるかもしれませんが、1971年の日本の企業数は141万社でした。

図表6-10　企業数と就業人口（2015年以降は予想）

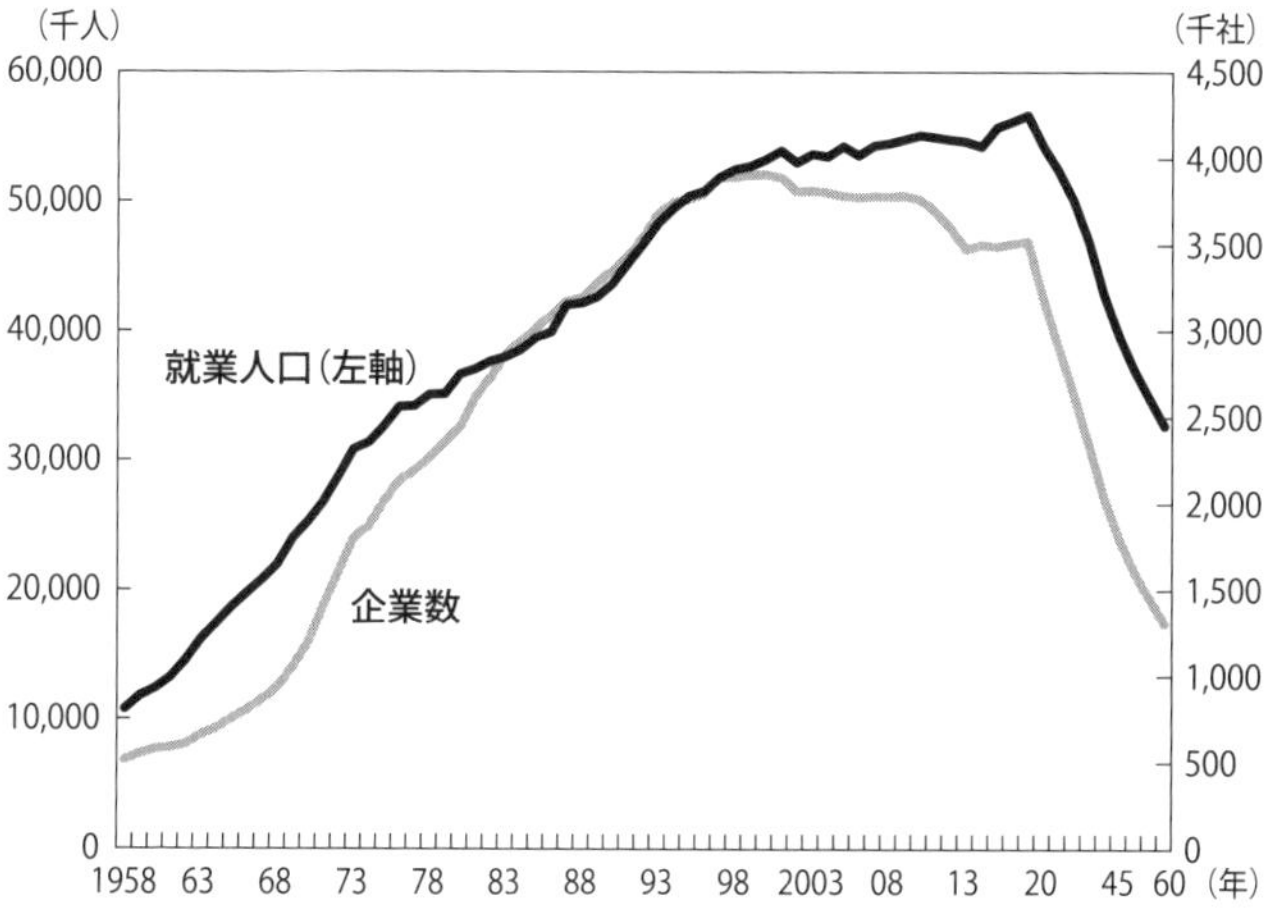

（出所）国税庁のデータより筆者作成

日本の企業数は「今の半分」でいい

図表6－11は、今現在の1企業あたりの人口を年齢別に計算し、この値が変わらないものとして、2060年の企業数を試算したものです。粗い分析ではありますが、これによると企業数はよくて3割減、おそらくは半減する必然性を示唆しています。

諸外国と比べても、日本企業が多すぎるという結論は変わりません。1企業あたりのGDPと生産性を比較すると、その相関係数は何と84・2％にも達します（図表6－12）。企業の平均的な規模が小さいと、国の生産性にマイナスの影響を及

図表6-11　現行の1企業あたり人口で見た2060年の企業数

年齢	1企業あたり	企業数	減少数	減少率（%）
0～14歳	4.5人	1,745,308	1,745,969	－50.0
15～64歳	22.0人	2,008,059	1,483,218	－42.5
15歳以上	31.7人	2,484,426	1,006,851	－28.8
全国民	36.3人	2,392,023	1,099,254	－31.5

（出所）国立社会保障・人口問題研究所のデータより筆者作成

図表6-12　各国の1企業あたりGDPと生産性

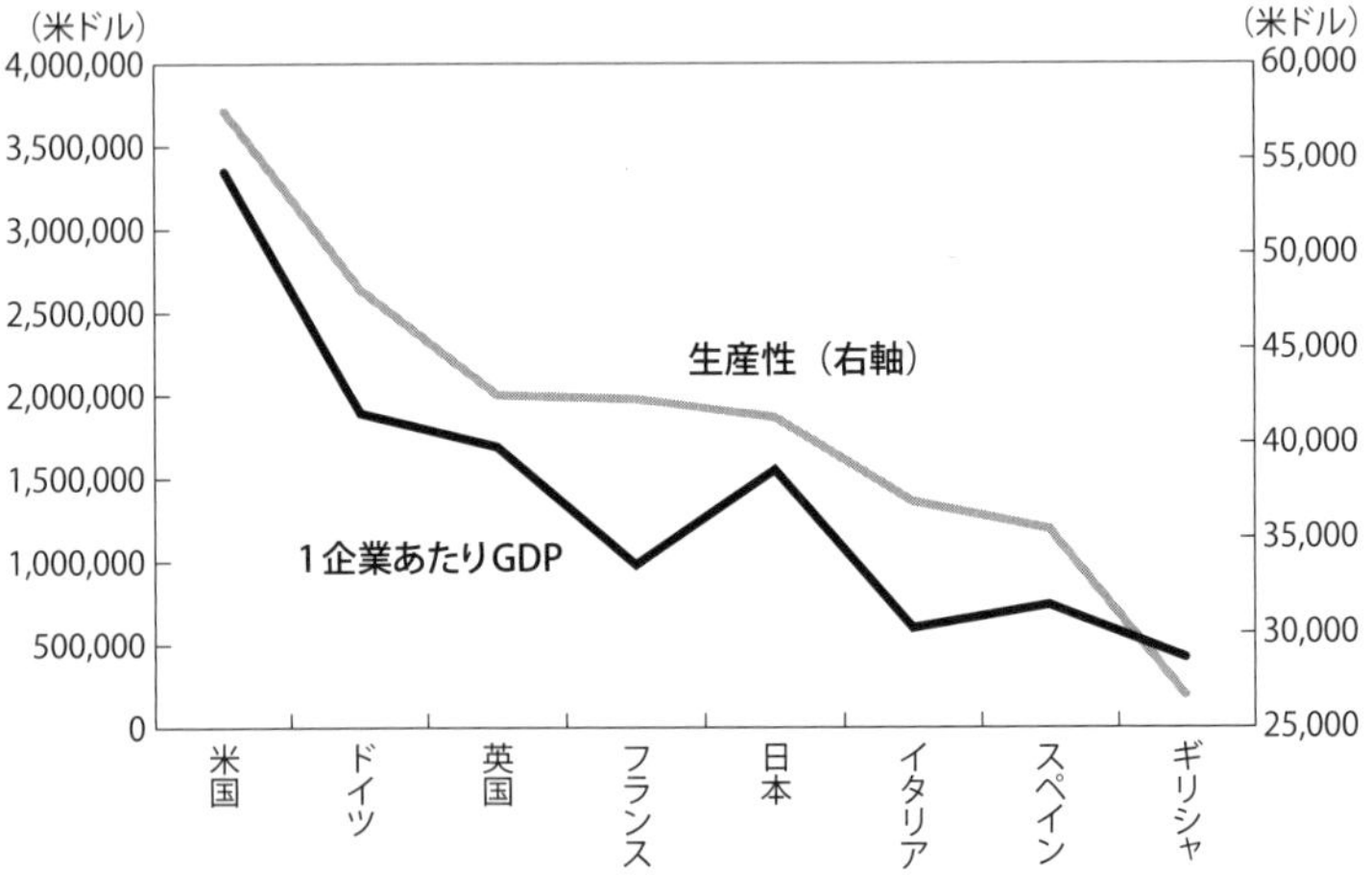

（出所）IMF、各国政府のデータより筆者作成

ぼすのです。

増えすぎてしまったものが減る、いわば正常化の流れなので、実は驚くには値しません。政府は、この「企業の淘汰」の邪魔をせずに、むしろ促進する政策をとるべきなのです。

AIと技術革新だけでは日本経済は救われない

新聞などを眺めていると、人口減少には「AIとロボット、日本の技術力を使えば対応できる」という意見を見かけることも多くあります。政府も「AIを使って生産性改革を」という呼びかけを盛んに行っています。

たしかに、人口が減り労働者が減る分の仕事を補填するために、ロボットに代わりをやってもらったり、AIを使って工程を効率化したりすれば、労働人口の減少には対応できるかもしれません。使い方次第では、企業数を守ることもできるかもしれません。

しかし、AIやロボットの活用には問題が3つあります。

まず、日本経済の問題は供給だけではありません。むしろ、需要が減ることのほうがより深刻です。

ロボットは食事もしなければ車も買いませんし、もちろん旅行もしません。エネルギー源となる電気以外、何かを需要することはないので、需要不足の問題は解決できません。たとえば人間の代わりに散髪をするロボットを開発すれば、美容室の数を守ることはできるかもしれません。しかし、そのロボットは誰の髪の毛を切るのか。そもそも人が減るので、美容室の数を維持する意味はありません。

2つ目の問題は、AIやロボットが創出する付加価値をどう現金化して、どう人間に配分するかです。ここに、ベーシックインカムの議論が始まっている理由があります。AI導入による省力化によって価格を下げるだけでは、まったく意味がありません。

マクロではたしかに、経済全体が救われるように見えるかもしれません。しかしミクロで見ると、全企業が均一にAIやロボットを使えるとは思えません。特に小さい企業にとっては負担が重い上、規模が小さい分だけせっかく導入してもフル活用できないことが考えられます。

3つ目は、本当に日本の経営者が、AIやロボットをきちんと活用できるかということです。

1990年代に入ってから、日本と海外の生産性に大きな差が開いてしまった理由の1つは、ネットと通信の革新的な流れに日本が乗れなかったことです。海外ではネットと通信の革新を受けて、人材配分の変更、組織のあり方の見直し、業界再編、企業の廃業、新規参入などが行われ、「人の働き方をITに合わせる大胆な改革」を実行してきました。

しかし、日本ではそれができていません。統計的な分析に長けているIMD World Digital

Competitiveness Ranking 2017によると、日本のデジタルインフラは競争力がきわめて高い（63カ国中第6位）のですが、企業の機敏性は第57位で、企業の分析能力や戦略を決めるときにデータを使う能力は第59位でした。またしても先進国最下位です。

『The Economist』のホームページに、ＩＴ活用に関してひっかかる言葉があります。それは「technological change puts a premium on adaptability and a discount on experience」、つまり、ＩＴの進歩を最大限に活用するには、企業の機敏性がもっとも重要で、人間、とりわけ経営者の経験や感覚的な判断の価値は下がるということです。日本の経営者がこの分野を苦手としているのは、過去の実績を見ても明らかです。

ＩＴの恩恵を享受できなかった日本が、ロボットなどの技術を効果的に使えるのか、疑問を覚えても当然でしょう。

生産性の低い企業は「退出」させなければならない

生産性の低い企業の中には、政府によって守られているから生き残っているだけで、実は遠い昔に経済合理性がなくなった企業も多く含まれています。過日、行政改革のメンバーとして公示地価の勉強会に参加したことがあるのですが、そこで政府の無駄遣いのおかげで存在を許されている企業があるのを知り、心底、驚かされました。

説明によると、日本の地価算定方法は約半世紀前からまったく変わっていないそうです。毎年とんでもない数の不動産物件に、1カ所につき調査員を2人ずつ派遣し、全物件を物理的に確認して、境界石も確認して、敷地をテープで測っているのだそうです。それだけではなく、周辺状況も目視し、その物件の価値だけではなく、街としての変化も考慮していると説明を受けました。チェックする箇所は毎回ほぼ一緒とのことで、本当に何十年も前のやり方を、ずーっと忠実に繰り返しているのだそうです。

たとえば訪問しなくても、不動産取引のデータを見て、その物件や周辺の情報を分析できるはずです。そういったビッグデータや、さらに衛星画像などを利用すれば、そこまでの人手と時間を使う必要がないことは誰の目にも明らかです。本当に生産性の低い無駄な作業です。一応、聞いてみると、ビッグデータも使っているようでしたが、事後チェックとして形式的に使っているだけとのことで、さらに驚きました。

これから人手が減るというのに、このやり方は明らかに原始的すぎます。アフリカの途上国ならいざしらず、技術大国と名乗っている国が、いまだにこんなことをやっているとは信じられません。

これはほんの一例にすぎませんが、他の例を出せと言われれば、いくらでも出せます。こういった例がたくさんなければ、日本のあまりに低い生産性の理由を説明することはできません。

こういう旧態依然たる時代錯誤の方法でも、いざ変えようとすると「業界団体がある」「その仕事をやっている人たちの仕事はどうする」と、抵抗勢力が騒ぎ出します。

抵抗勢力の人たちが何を言おうと、無駄なものは無駄なのです。実は、やっている人たちも無駄な仕事をしていることに気がついているのかもしれません。また、政府もお人好しなふりをして、こういう無駄な仕事を見て見ぬふりをし、雇用を守っているつもりなのかもしれません。しかし、反対勢力が騒ぎ出すのを避けて通っているばかりでは、国をつぶすことにもなりかねません。

企業数を無理やり堅持したり、業界団体を守ることをやめて、とにかく生産性とその裏にある国民の生活水準を重視するべきです。これからは労働者も減るので、公示地価の調査など、昔ながらの仕事を守らなくてはいけない理由も意味もありません。

国益を食いつぶしている企業を守る余裕はない

騒ぎが起こるのを避けて手を下さず、結果、低い生産性に甘んじている例として、和歌山城をご紹介しましょう。天守閣の前に売店があるのですが、いかにも昭和の時代にできた古い建物の店先に、時代遅れの商品が並んでいます。レトロでよいとも言えますが、出雲大社の前にあるスターバックスとは雲泥の違いです。

聞くところによると、こんな売店でも経営は黒字なのだそうで、お店の人は今後もお店を続けたがっているらしいのです。ただ、この売店はどう見ても、この場所で本来得られる付加価値を生み出せているようには思えません。

おそらく家賃が不適切に安いから回っているだけで、経済合理性に照らすと、きわめて大きな機会損失を垂れ流し続けているとしか言いようがないのです。厳しい言い方をすると、この売店は和歌山城の資本を食いつぶして、自分の利益にしているだけなのです。

生産性のことを考えれば、本来、和歌山城は賃貸料を上げ、さらにお店には設備投資をしてもらい、今の時代にふさわしい売店に変わってもらうか、もしくは今の売店の経営者には、もうお店を続けるのをあきらめてもらうべきです。生産性と顧客満足を考えればそれが当然の結論です。

しかし、お店の人たちに自ら向上する意思も意欲もないのは明らかなのにもかかわらず、和歌山市も「出ていってもらうのもかわいそうだから」と何もしないのです。

人口減少の下、社会保障制度を維持するため、経済合理性をより追求しないといけないという観点からいうと、何も手を打たないのは罪悪です。

しかし、日本では誰も悪役を買って出ようとしないし、また、社会の目も厳しくないので、こういう無駄が放置されてしまっているのです。

２０１７年11月に浅草寺が門前の仲見世商店街の家賃を、10平方メートルあたり月額１万５０００円という破格に安い金額から、近隣相場に合わせた25万円にしたいと店子に通達した件が報道されました。お決まりのとおり、商店街は「値上げに耐えられず廃業する店が出る」と反対の声を上げました。

台東区によると、浅草寺周辺の２０１６年の観光客数は年間延べ３２３０万人で、外国人観光客は大幅増の５００万人だったそうです。これだけの数の観光客が訪れる仲見世であれば、近隣相場並み、つまりは正当な家賃を払っても、商売が成り立たないはずがありません。

文句を言っている店はボロ儲けをしているか、よっぽどの商売下手か、払うべき家賃に耐えられるよう付加価値を高める気がないかのどれかです。安い家賃にあぐらをかき、不適切に安い価格で商売している商店街を、なぜお寺が身銭を切って支援しなくてはいけないのでしょうか。

商店街の皆さんの「今までのやり方を変えたくない」という気持ちもわかりますし、今までボロ儲けしていたお店が、儲けをお寺に渡したくないから被害者のふりをしているという浅ましい動機も理解はできますが、どう考えても正しいのはお寺側です。

似たような無駄の垂れ流しの例は、日本中の至るところにあります。これらが積もり積もって、国全体の生産性を引き下げているのです。

企業の「統合・廃業」を促進せよ

政府が今やるべきなのは、生産性向上のための補助政策です。これまでは国全体が生産性を高めることを明確な目標にしていなかったので、何をもって何に対してどう補助するか、基準が曖昧でした。しかし「生産性革命」は安倍政権の方針となりました。必要なのは、生産性向上目標を達成するための支援に補助金を出す政策です。これには疑う余地がありません。

それを実現するために必要なのは、とにかく企業の統合・廃業を促進する政策です。企業数はもちろん維持できません。今、日本中で問題視されている企業の「事業継承問題」は、むしろ歓迎すべきです。

中小企業庁が2017年7月にまとめた「事業継承5ヶ年計画」は、生産性の低い企業を温存してしまうという意味で、非常に危険な政策です。この政策を受けて帝国データバンクは「日本経済が継続的に発展を続けていくためには、永続的に企業を存続・発展させ、雇用や技術、暖簾（のれん）を後の世代に伝えていくことが必要不可欠といわれる」と発表しました。この考え方では、日本はいずれ滅びゆくでしょう。

存続すべきでない企業を守ることは、生産性改革を阻害しますし、ひいては国民を不幸にします。そんな政策は許されません。進んで企業の統合を中心とした企業数減少を促進する政策を実施することが必要なのです。

段階的に「最低賃金」を上げるべき

生産性を分析すると、生産性に大きな影響を与えるいくつかの要素を見つけることができます。第4章でご紹介したとおり、人材の質が高ければ高いほど、生産性は高まります（相関係数80％）。女性の参加および同一労働の比率が高い、すなわち女性活躍が進めば進むほど、生産性が高まります（相関係数77％）。

もう1つ、生産性と非常に強い相関関係を持つ要素があります。それは「最低賃金」です。最低賃金が高ければ高いほど生産性も高まるのです。その相関係数は、実に84・4％。驚異的に強い相関関係が見て取れるのです（図表6－13）。これについては、名門ロンドン大学経済学校

図表6-13　最低賃金と生産性には強い相関がある

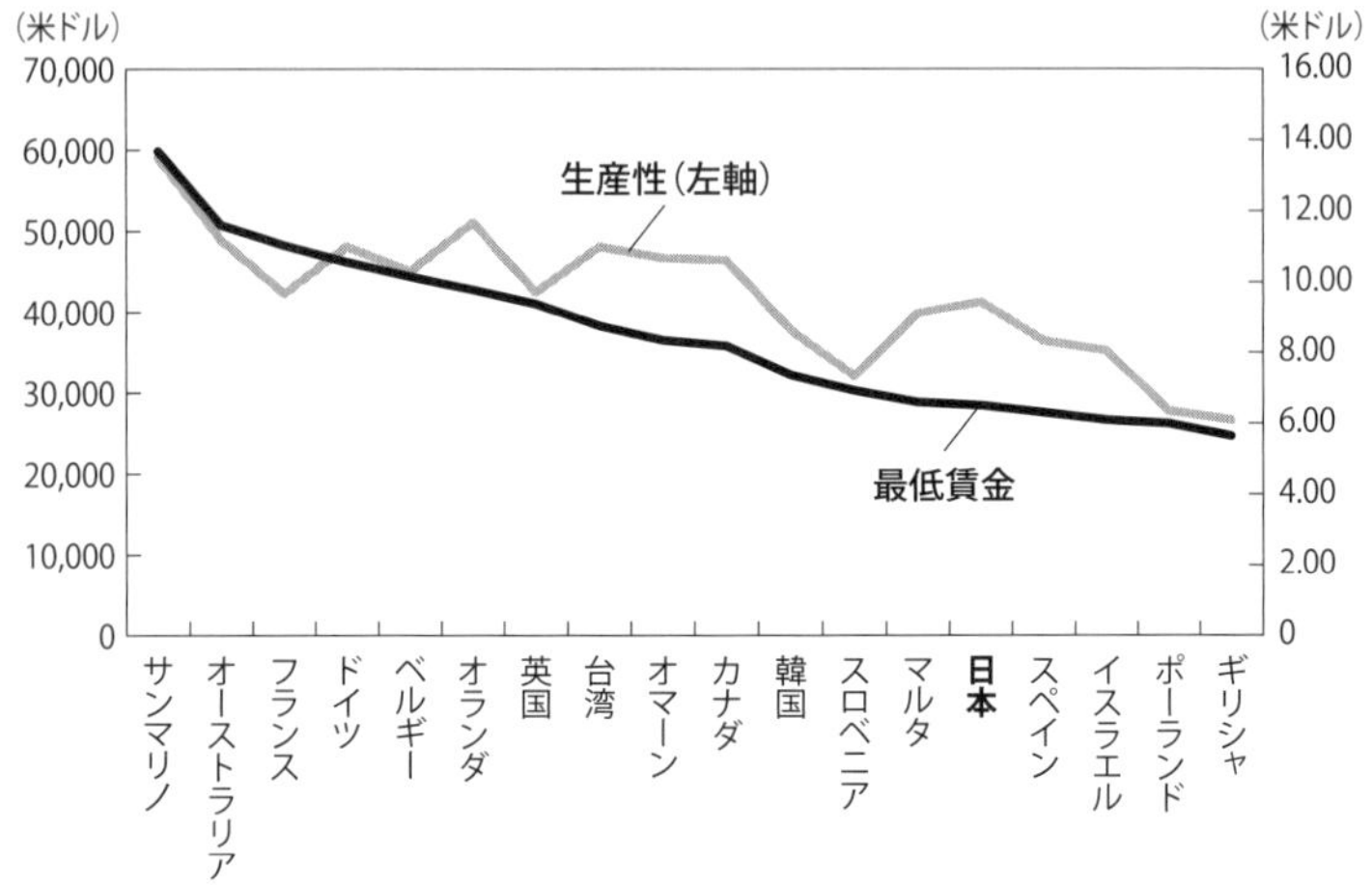

（出所）IMF、各国政府のデータより筆者作成

（LSE）がまとめた論文をはじめ、同様の指摘が続々と報告されています。日本は、この関係を真剣に検討する必要があります。

特に、最低賃金で働いているのは女性や若者が多い上、低所得なのでもらった分だけすべて使う傾向が世界的に認められています。この点にも注目すべきでしょう。

アベノミクスを成功させるためには生産性改革が不可欠であり、それにはまず企業を動かすことが大前提なのは、すでに説明してきたとおりです。実は、企業を確実に動かして生産性を高める最適な手法が、最低賃金を上げることなのです。これは、諸外国ですでに確認されています。

生産性を上げるために最低賃金を上げる。

日本以外の国を見わたすと、この政策に消極的な国は米国だけです。米国は自由経済を重視する国ですし、人口が増えていますので、かつての日本のように供給側を重視しています。米国では、最低賃金と生産性の因果関係に対して否定的な論文が多いのですが、この件に関しては政治的な影響を強く感じます。さらに、社会保障と人口動向の点で米国の情勢と日本の情勢は大きく違いますので、米国の議論を重視するのは危険です。

日本が重視すべきは、おかれている状況が似ている欧州の議論です。実は、先ほど紹介した84・4％という相関係数の分析では、米国を除外しています。米国を入れると74・4％まで低下しますが、それでもきわめて強い相関にあることには変わりがありません。

日本の生産性が低いのは、最低賃金が低いから

このあたりの理屈はひとまずおくとして、日本の最低賃金の実態は衝撃的です。

図表6－14は、直近の購買力調整済み最低賃金のデータです。本当に衝撃的な図表です。日本の最低賃金は、同じように生産性が低いスペインとほとんど変わりません。それ以外の欧州各国よりかなり低いのです。日本人の労働者の質は、この程度なのでしょうか。

さらに衝撃的なことに、日本の最低賃金は、2018年1月から、なんと韓国を下回ってい

図表**6–14**　各国の最低賃金

国名	最低賃金 （購買力平価、米ドル）
サンマリノ	13.68
オーストラリア	11.60
ルクセンブルク	11.55
フランス	11.03
ドイツ	10.56
ベルギー	10.15
オランダ	9.78
ニュージーランド	9.76
英国	9.38
台湾	8.75
米国	8.50
オマーン	8.34
カナダ	8.18
サウジアラビア	7.62
韓国	**7.36**
スロベニア	6.92
マルタ	6.59
日本	**6.50**
スペイン	6.30
イスラエル	6.09
ポーランド	5.99
ギリシャ	5.64
香港	5.41

（出所）各国の資料より筆者作成

るのです。

日本の最低賃金は、1米ドル＝112円の為替レートで計算すると7・57米ドル（図表6−15）。米国の連邦政府が定める最低賃金の7・25米ドルに近い水準です。日本は米国を参考にしているのかもしれません。しかし、米国は州別の最低賃金も設定しており、人口の違いを調整した加重平均で計算すると、米国の最低賃金は8・5米ドルまで上がります。

今の最低賃金は「日本人労働者をバカにしている」水準

日本の生産性が低い理由の1つは最低賃金が低いことなのですが、ここで私が主張したいのは、ただ高い、安いという低次元な話ではありません。私が注目しているのは、日本の「人材の質の高さ」に対する「最低賃金の低さ」です。

日本人労働者の質は世界第4位で、図表6−16にありますように大手先進国の中ではトップに立っています。しかし、最低賃金は大手先進国の中の最低水準です。先進国だけで分析すると、人材の質と最低賃金の間には85・9％もの相関係数が認められますが、日本だけが大きくずれているのです。

政府は、本当は日本の人材など、大したことがないと思っているのでしょうか。高く評価さ

州	米ドル	都道府県	円	米ドル
アラバマ	7.25	香川	766	6.84
ジョージア	7.25	福島	748	6.68
アイダホ	7.25	島根	740	6.61
インディアナ	7.25	徳島	740	6.61
アイオワ	7.25	山形	739	6.60
カンザス	7.25	愛媛	739	6.60
ケンタッキー	7.25	青森	738	6.59
ルイジアナ	7.25	岩手	738	6.59
ミシシッピ	7.25	秋田	738	6.59
ニューハンプシャー	7.25	鳥取	738	6.59
ノースカロライナ	7.25	高知	737	6.58
ノースダコタ	7.25	佐賀	737	6.58
オクラホマ	7.25	長崎	737	6.58
ペンシルベニア	7.25	熊本	737	6.58
サウスカロライナ	7.25	大分	737	6.58
テネシー	7.25	宮崎	737	6.58
テキサス	7.25	鹿児島	737	6.58
ユタ	7.25	沖縄	737	6.58
バージニア	7.25			
ウィスコンシン	7.25			
ワイオミング	7.25			

（注）1米ドル＝112円で計算。購買力調整はしていないので、図表6–14とは値が違う
（出所）Minimum Wage 2017、厚生労働省（2017年）より筆者作成。労働力人口は2010年

図表6-15　州、都道府県別最低賃金

州	米ドル	都道府県	円	米ドル
マサチューセッツ	11.00	東京	958	8.55
ワシントン	11.00	神奈川	956	8.54
カリフォルニア	10.50	大阪	909	8.12
オレゴン	10.25	埼玉	871	7.78
コネティカット	10.10	愛知	871	7.78
アリゾナ	10.00	千葉	868	7.75
バーモント	10.00	京都	856	7.64
アラスカ	9.80	**加重平均**	**848**	**7.57**
ニューヨーク	9.70	兵庫	844	7.54
ロードアイランド	9.60	静岡	832	7.43
ミネソタ	9.50	三重	820	7.32
コロラド	9.30	広島	818	7.30
ハワイ	9.25	滋賀	813	7.26
メリーランド	9.25	北海道	810	7.23
メーン	9.00	栃木	800	7.14
ネブラスカ	9.00	岐阜	800	7.14
ミシガン	8.90	茨城	796	7.11
ウェストバージニア	8.75	富山	795	7.10
サウスダコタ	8.65	長野	795	7.10
加重平均	**8.50**	福岡	789	7.04
アーカンソー	8.50	奈良	786	7.02
ニュージャージー	8.44	山梨	784	7.00
デラウェア	8.25	群馬	783	6.99
イリノイ	8.25	石川	781	6.97
ネバダ	8.25	岡山	781	6.97
モンタナ	8.15	新潟	778	6.95
オハイオ	8.15	福井	778	6.95
フロリダ	8.10	和歌山	777	6.94
ミズーリ	7.70	山口	777	6.94
ニューメキシコ	7.50	宮城	772	6.89

図表6–16　労働者の質と最低賃金

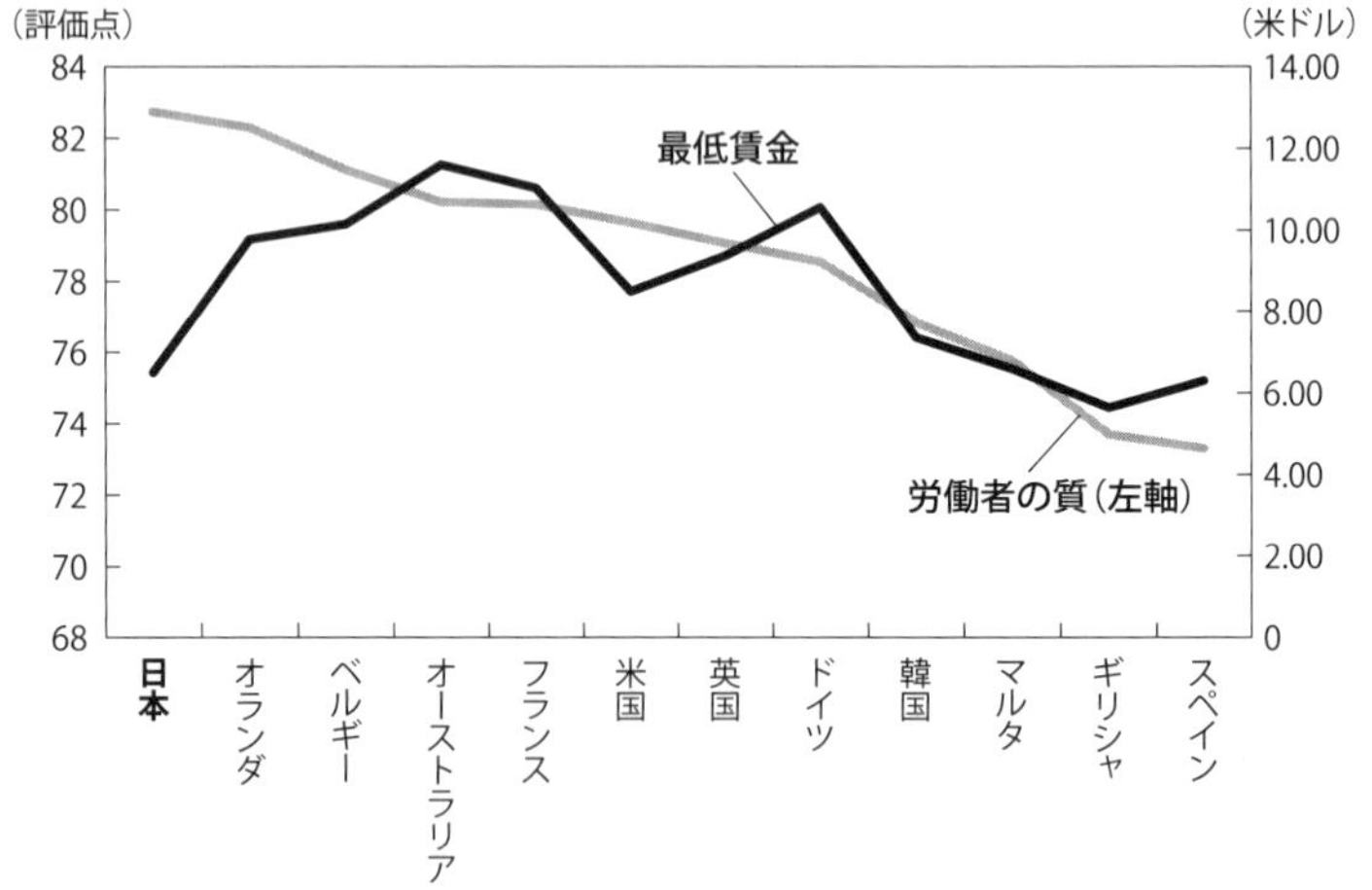

（出所）UEF、各国政府データより筆者作成

れているのは、「何かの間違い」とでも思っているのでしょうか。日本人の人材の質は、第32位の韓国よりも低いと思っているのでしょうか。そうでないなら、最低賃金が韓国より低い理由がわかりません。

日本の最低賃金を欧州並みに引き上げたとして、何の問題があるのでしょうか。欧州でもできることが、日本人にはできないのでしょうか。日本人労働者は、本当は技術がなく、勤勉でもなくて、手先も器用ではないと言っているようにしか思えませんが、そう解釈していいのでしょうか。違うというなら、完全なる矛盾です。政府は企業を優先しすぎるあまり、国民をいじめています。バカにしていると言っても過言ではありません。

最低賃金の低さが「経営者の無能」の原因

企業にとっては、これほど能力が高く、しかも真面目に働いてくれる人材を、ここまで安い賃金で働かせられるのは、まさに「極楽浄土」でしょう。しかし、労働者にとっては地獄です。その人材の能力にふさわしい給料を支払う必要がないので、その人にやらせるには明らかに生産性の低い仕事をさせることもできます。これこそ、高品質・低価格の真実でしょう。人が溢れていた時代ならしかたないかもしれませんが、これからは継続してはいけない経済モデルです。

最低賃金の低さは、日本の輸入が異常に少ないことにもつながっています。人が溢れている時代には、その人材をどう活かすかという悩みがありました。そこで、たとえば牛乳やバターのように、日本でつくるには国際競争力の低い商品も、国内でつくるインセンティブが働きました。輸入を制限し、補助金を出して、高い価格を維持することで、無理やりにでも、その業界を育成しようとしていた時代が長かったのです。これでは、生産性が高くなるはずがありません。こういった無理を通すために、最低賃金が低く設定されていた可能性もあります。

しかし、人材が減るこれからの時代、国際競争力のない業界を無理に育成する余裕はありません。こういった商品は、輸入すれば事足ります。

最低賃金は2020年に1225円にすべし

最低賃金と生産性の相関がここまで強いということは、諸外国は最低賃金を「感覚的に」設定しているわけではなく、何らかの計算方式があることが推測されます。となると、一定の条件を設けることで最低賃金の「目標値」を計算することができますので、ご紹介しましょう。

1人あたりGDPが日本に近いドイツやフランス、英国の場合、最低賃金は1人あたりGDPの約50％に相当します。日本の比率（世界銀行によると27・7％）は米国の28・0％に近く、これよりずっと低く抑えられていますが、ここに問題があります。

米国は福祉制度が充実しておらず、格差を必ずしも悪としない文化があり、人口が増加し続けている国です。日本は欧州と同じように福祉制度が充実していますし、人口も減少していますので、基礎条件は米国より欧州に近いと言えます。

さらに国連は、先進国の最低賃金が収斂していると分析しています。米国は1人あたり

図表6-17　日本が目指すべき最低賃金の目標（円）

年	GDP成長率					
	GDP横ばい	1.0%	**1.5%**	2.0%	2.5%	対米国比維持
2015	**1,201**	1,201	**1,201**	1,201	1,201	1,240
2020	**1,225**	1,274	**1,313**	1,352	1,392	1,418
2025	**1,260**	1,366	**1,443**	1,523	1,607	1,677
2030	**1,303**	1,477	**1,598**	1,729	1,870	1,995
2035	**1,356**	1,606	**1,782**	1,975	2,189	2,382
2040	**1,417**	1,756	**1,996**	2,268	2,576	2,857
2045	**1,487**	1,929	**2,248**	2,618	3,046	3,437
2050	**1,566**	2,128	**2,542**	3,033	3,617	4,146
2055	**1,653**	2,354	**2,883**	3,526	4,309	5,011
2060	**1,752**	2,613	**3,279**	4,111	5,148	6,076

（出所）IMFのデータより筆者作成

GDPが欧州よりかなり高い水準ですので、最低賃金が収斂していれば、1人あたりGDPに対する比率は低くなって当然です。生産性が低い日本には、この理屈は当てはまりません。

以上を前提に、最低賃金の目標を計算してみましょう。政府が目指す経済成長率を設定してGDPを算出し、それを予想人口で割って、1人あたりGDPを計算します。その50％を年間の平均労働時間で割ると、目標最低賃金を算出できます（図表6－17）。

1996年から2017年までの間、EUの平均経済成長率は1・74％だったそうです。それを基準に、日本の平均経済成長率を1・5％とすれば、2025年の目標最低賃金は1443円、2040年には1996円、2060年には3279円となります。

最低賃金を上げても「失業」は増えない：英国の例

最低賃金を上げると失業が増えるという反論が聞こえてきそうです。しかしこれは、経済学の教科書的には理屈上正当化できるかもしれませんが、実際のデータを見れば、根拠がないのは明らかです。

1998年、英国では新しい最低賃金の法律が可決されました。1999年から実施され、今は最低賃金が5段階に分けられており、25歳以上では1137円です。1999年の最低賃金は今の為替レートで計算すると546円でしたが、19年間かけて2・1倍に引き上げられています。

別の統計によると、英国の2016年の最低賃金は平均給与の41％に設定されています。2000年は34％でしたので、平均賃金に対する最低賃金は、他の国に比べて大きく改善されています。これは格差社会の是正に貢献していると、高く評価されています。

OECDのデータによると、日本の最低賃金は平均賃金の35％です。これは31カ国中、第26

位でした。日本より低いのは、生産性が非常に弱いチェコ（34%）、ギリシャ（33%）、スペイン（31%）、メキシコ（29%）などです。これらの国の仲間というのは、あまり喜ばしいことではありません。

ちなみに、英国の人材の質ランキングは世界19位、チェコは第25位、ギリシャは第44位、スペインは第45位、メキシコは第65位でした。

英国が最低賃金の引き上げを決めた１９９８年、当時の労働党政権の法案に対して、保守党は企業への悪影響とそれにともなう失業率の大幅な上昇を懸念して、猛反対しました。しかし、実際には失業率の大幅上昇などの予想された悪影響は確認できず、逆に経済に対してよい影響を与えたと評価されるに至り、２００５年、保守党は意見を翻して賛成に回りました。

学者の中には、短期的には失業率が上昇しなくても、長期的な悪影響を懸念している人もいます。しかし日本ではこれから人口が減り、それ以上に若い人の数が減りますので、仮に諸外国で悪影響が出る可能性があっても、同様の悪影響がもたらされるとは考えづらいのです。

日本人は人材のレベルが高いにもかかわらず、今は不当に安い賃金で働かされています。需要者の減少と需要の中身の変化に対応するため、企業数を減らす必要もあります。企業が生き残るために人材を安くこき使うことはデフレを引き起こしますので、これもやめさせなければなりません。

これらの政策課題を達成するためには、最低賃金を上げることがもっとも効果的です。そうすることで、生産性の低い企業に強制的に生産性を上げる経営戦略を考えさせることができるのです。

「中小企業の反対意見」を気にする必要は皆無

もちろん企業は最低賃金の引き上げに反対します。ただし、そもそも日本企業は数が多すぎますので、整理する必要があるのは、これまで見てきたとおりです。政府は、反対されても聞き入れるべきではありません。第5章に書きましたように、日本企業の経営者は猶予を与えても生産性を高める努力をしませんので、反対意見を聞いてもしかたがないのです。なんのプレッシャーも受けないでいると、生産性向上に努めないことは、これまでの歴史が証明しています。

実は、政府が中小企業にプレッシャーを与えることができるもっとも有効な手段が、最低賃金の引き上げです。企業に対する配慮としては、引き上げを段階的にするくらいで十分です。最低賃金さえ引き上げれば、事後対応が得意な日本企業は自主的に対応策を工夫してくれるはずです。それでも対応できない企業には、市場から退出してもらうべきなのです。

図表6-18　世帯年収の分布

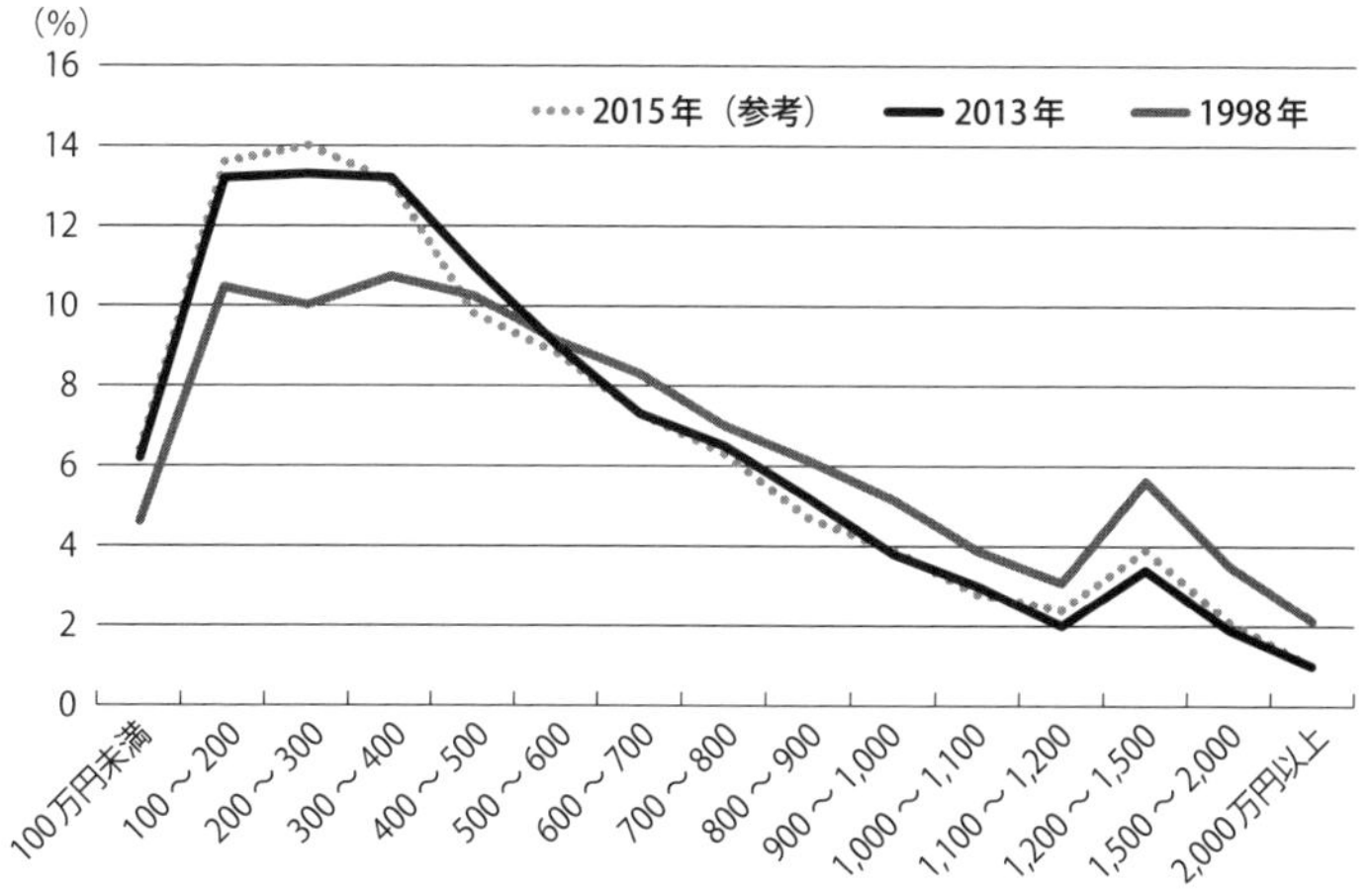

（出所）「国民生活基礎調査」より筆者作成

よく、「日本人はカネじゃない」と言われます。本当にそうでしょうか。

最低賃金を上げるべきかを国民投票にかけたとして、どういう答えが返ってくるでしょうか。一所懸命働いても、大した給料をもらえない、結婚できない、子供がつくれない、旅行ができない。ワーキングプア、子供の貧困、年金も将来的にもらえない。それでも、「カネじゃない」と答えるでしょうか。図表6−18にありますように、1998年から2013年にかけて、年収200万円未満の世帯の割合が全体の約20%まで上がっています。まさに、最低賃金の低さの影響を受ける世帯です。

人材の質に自信があるならば、最低賃金を上げて、企業に生産性を改善させるべきなのです。当然ながら、150万円の壁を廃止することも必要です。

政府は「社長」ではなく「国民」を守るべき

企業の数を減らさないように守ることは、別の言葉で言うと「社長という立場を守る」ことです。

1990年代に入ってから起こった非正規雇用者数の増加、労働分配率の低下、企業の内部留保の増加などの事象は、すべて日本企業の社長がこれまでとってきた戦略の結果です。これらのすべてが生産性向上にはマイナスに作用し、デフレまでも引き起こしました。つまり日本の経営者がやってきた経営戦略は、国益を著しく棄損してきたのです。そこには哲学もなければ、自制心もありません。

さすがに日本政府も、日本の社長たちのやっていることが、国と国民の利益に反していることを、ようやく理解し始めたようです。

あらためて言うまでもありませんが、政府にとってもっとも重要なのは、社長たちの保身の手助けではなく、国民の生活を守ることです。特に人口が減少する時代には、この件に関して議論の余地はありません。国民の生活を守るための鍵となるのが生産性の向上です。そして、それを可能にするのは他ならぬ社長たちです。政府は生産性向上に賛同し、きちんと手を打つ経営者に限って応援し守るべきなのです。生産性向上に努めない社長は、徹底的に排除してしかるべきなのです。

人口が減少するということは、さまざまな企業が倒産・廃業・統合することを意味します。存続が危うくなった企業は、必ず政府に助けを求めてくるはずです。しかし、その際、政府は誰でも彼でも救いの手を差し伸べるべきではありません。生産性目標を基準に、守るべき企業をシビアにふるいにかけるべきです。

人口が増えて余裕があった時代のように、生産性の向上が期待できない会社の願いを聞き入れるのはきわめて危険です。そんなことを続けていれば、日本は途上国に戻ってしまいます。

企業は政府が何をしても「中小企業は対応できない」「価格は上げられない」「消費税のアップを価格に転嫁できない」「最低賃金の引き上げは受け入れられない」といろいろなことを言って、何にでも反対します。新規参入にしても、規制緩和にしても、何にでもです。これは自分の無能さをアピールしているだけだと知るべきでしょう。

彼らは、ただ単に「何も変えたくない」「対応するつもりもない」「昨日までやっていたやり方を、ロボットのように今日も明日も明後日も継続したい」と思っているだけなのです。経営能力がないだけでなく、経営者としての責任も放棄しているのです。

国連の報告書に書かれているとおり、世界規模で見ても中小企業の経営者は、そもそも経営能力が低いのが実際です。その中でも、過剰に守られてきた日本の中小企業の経営者の質は、生産性のレベルから判断して先進国中最下位です。

世界も認める日本の経営者の無能さ

IMD World Talent Ranking 2017によると、日本の中小企業の経営者のランクは惨憺たるもので、63カ国中、「有能な経営者ランキング」では第58位、「海外経験のある経営者」第63位、「経営教育を受けたことのある経営者」第53位でした。

人口減少の下、政府はこんなレベルの低い経営者を守るべきではありません。

他の国のように、たとえ企業から反対の声が上がったとしても、国の生産性が向上するのであれば、改革反対の声を押し切って改革を断行するべきです。当然、痛みをともないますし、支援が必要な人も出てくるでしょう。そういう人に対しては、短期的な支援策を実行する必要もあるでしょうが、改革自体を骨抜きにしてはいけません。特に今後、さらに人手が足りなくなるので、生産性の低い会社からより高い会社に労働力を移動させるチャンスです。

人間という動物は保守的で、新しいことには反対する傾向が強いのは事実です。しかし、政府がリーダーシップをとり、改革の意義を訴えるべきです。改革が大嫌いな日本国民を、改革大好きな国民に変えるべきです。

小さな改革を次から次へと実行して、その効果が明確になり、国民にとってプラスであることが明らかになれば、皆改革を応援するようになります。政府が中小企業の経営者の教育を徹底するのも、将来の投資として有効だと考えられます。

移民政策は改革を阻害する「危険なたくらみ」

ここまでの説明で、外国人の私がなぜ日本で移民を大量に受け入れ、人口減少を補填する政策に反対しているのかが明確になったと思います。これから人口減少で困る企業は付加価値の低い企業であって、高付加価値企業ではありません。給料や待遇の低い企業からは、教育水準の高い日本人労働者はいなくなります。

こうした低付加価値の企業の経営者は、事業を継続するために大量の移民を要求することになるでしょう。教育水準の高い移民を優先して受け入れるという建前は有名無実化し、給料の低い日本人の代わりに、低賃金でも来日して働いてくれる人のニーズが高まります。

これまでの人類の歴史を検証すれば、低賃金でも働いてくれる移民を国外から大量に迎えるのは、もっとも危険な政策です。特に第1章で検証したように、日本の場合、減少する日本人の労働力を補うためには、3400万人規模の移民を受け入れなくてはいけないので、影響の大きさは他国とは比較にならないほど甚大になります。

日本政府の立場に立つと、国外から移民に来てもらう目的は、日本の福祉制度を守ることです。来日して日本人と一緒に働いてもらう代わりに日本国籍を与え、日本人と同じ権利を移民の人たちにも約束するのであればいいのですが、おそらく移民に参政権などを与えることにはなりそうにありません。

となると、日本での移民の受け入れは、今もすでに行われているような、研修終了後、国に帰ってもらう制度になる可能性が高いように思います。これでは、途上国と先進国の立場の違いを悪用して日本人の年金を守るという、人道的に問題のある政策になってしまいます。だから、日本の政策ミスで起きた人口減少を穴埋めするために、途上国の皆さんに大量に日本に来てもらうことに私は反対しているのです。あまりにも、彼らがかわいそうです。

参考までに、スキルレベルが高い外国人人材は、日本で働く魅力をどう感じているかをご紹介しましょう。IMD World Talent Ranking 2017によると、なんと63カ国中第51位。アジアの中で最下位でした。自分勝手に「教育水準の高い人を優先して受け入れる」などと思っていても、現実的には難しいことが容易に予想できます。

絶対にまちがえている財務省の「プライマリバランス」重視論

日本はたしかに、GDPに対する国の借金の比率は世界一です。同時に社会保障制度の維持にも苦しんでいます。苦しんでいる理由は税収が足りないことと、経済が成長せず、年金の支払いが厳しいことです。

こんな状況なので、財務省は一所懸命、福祉以外の予算を削って、社会保障制度を守ろうとしています。彼らのやっていることは、一見すると正しいように見えます。財務省が自らできることだけを考えれば、たしかに正しいといえます。

しかし、国全体で見ると、話は別です。予算を削ってしまっては、将来果実を生む先行投資ができなくなります。加えて、政府部門の需要を減らすと、デフレになりやすい環境をつくってしまいます。

財務省は、GDPに対する国の借金の比率にフォーカスして国民の危機感を煽っているのですが、しかし、GDPに対する国の借金の比率を尺度にすることは本当に妥当なのでしょうか。

そもそも、比率が高くなるのは、分子が大きいか、分母が小さいかのいずれかです。

図表**6-19**　各国の生産性と1人あたり借金、対GDP比の借金（2015年）

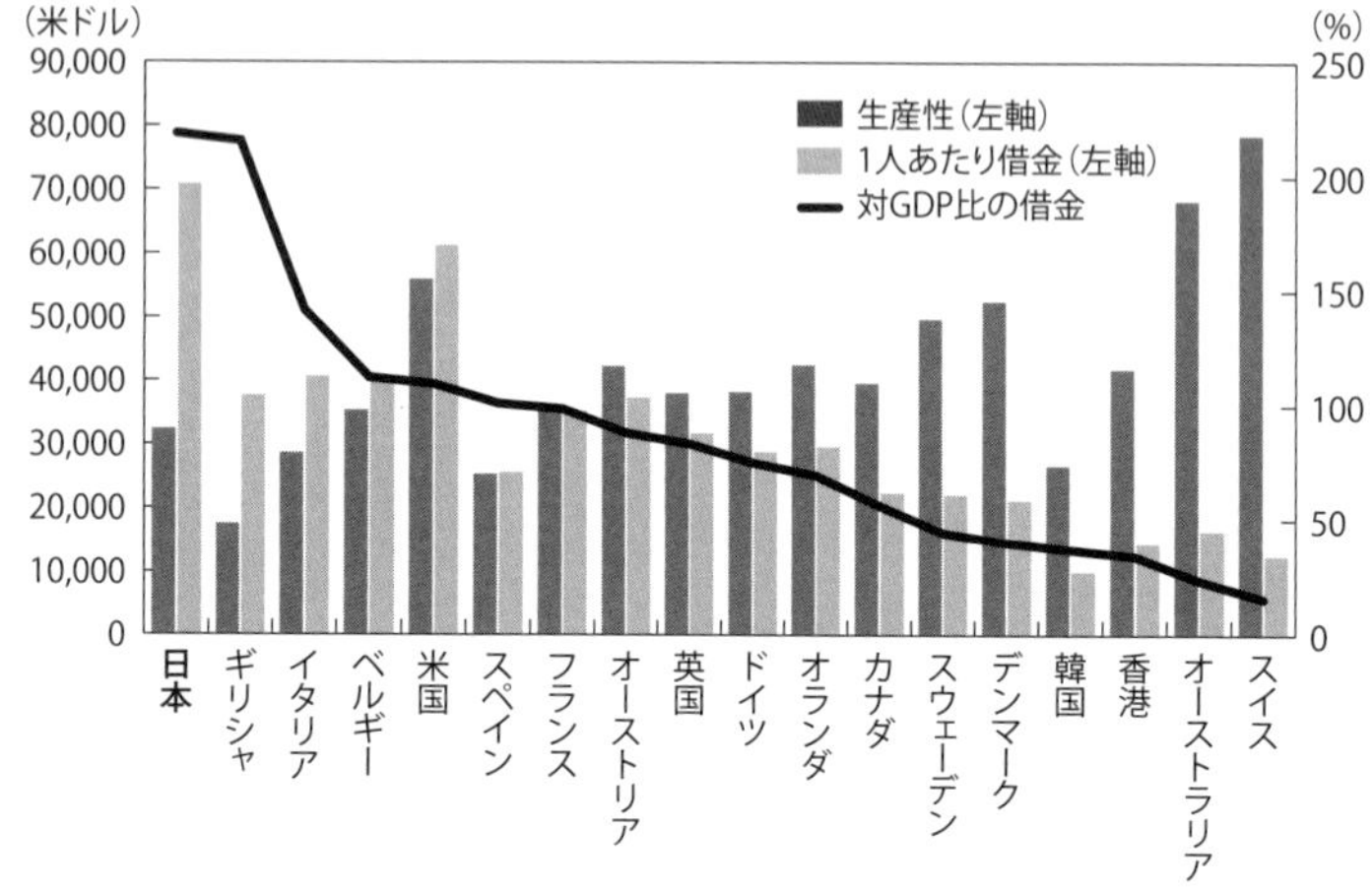

（出所）世界銀行、各国政府データより筆者作成

日本の借金を国民1人あたりで見ればたしかに多少多いですが、著しく多いわけではありません（図表6－19）。まだ許容範囲だと思います。

日本の借金問題の本質は、この本で一貫して主張しているとおり、生産性の低さからくるGDPの少なさです。日本の場合、生産性が低いので分母のGDPが異常に小さくなり、GDPに対する借金の比率が高くなってしまうのです。

財務省は分母となるGDPを増やすことには影響力を発揮できませんので、一所懸命、福祉以外の予算を削って分子を小さくしようとしています。しかし、これは国として正しい政策とはいえません。たしかに生産性の低い企業への補助金は打ち切るべきですが、先行投資まで削るのは間違っています。

日本の財政の最大の問題点は、日本が一流先進国にふさわしい社会保障制度を実施しているにもかかわらず、それを支えるために不可欠な生産性が、二流の先進国の水準でしかないことです。

とにかく生産性を向上させるために、税金を納めない企業や、生産性の低い企業には補助を出さない政策を強行することが急務だと思います。

財務省から、「分子を削ることは確実にできるが、分母を増やす政策は不確実なので、当てにしていない」と言われたことがあります。あまりにも悲観的な考え方ですが、現実的でもあります。

消費税アップや税率の議論は無駄だとは思いませんが、日本の税収が低いのは税制以前の問題で、所得水準が低いからです。ここを改善するのが、政府が果たすべき役割です。

たまに、「日本は預金が豊富だから、借金は問題ない、隠れ財産があるから大丈夫だ」という声を耳にすることがありますが、あまりにも馬鹿げた、本質的な議論ではないので、まったく議論するに値しません。

生産性向上にはまず「意識改革」を

長年、人口が激増する時代を経験したことによって、日本は特殊な国で経済合理性とは関係なく、公益資本主義などといった新しい経済制度をつくり出せると妄信する人がたくさん生まれてしまいました。しかし、国全体の収入以上に支出が増え、借金だらけになったことで、ようやく最近になって厳しい現実に目を向ける人が増えてきました。

日本には秩序のある社会、勤勉な国民、水準の高い教育など、人口減少に立ち向かうポテンシャルは間違いなくあります。ポイントは、今までがあまりに恵まれた環境にあったことを直視し、屁理屈を言って正当化したり、ごまかしたりするのをやめ、現実にしっかり向き合って、やるべきことをきちんとやることです。

人口減少はきわめて大きな社会の変化なのに、今までの政府は変化に正面から向き合うこともなく、旧来の経済政策を微調整したり、消費税をちょっとだけ導入したりと、小さな改革で対処しようとしてきました。これが失敗の大本だったのです。

その象徴的な例が、「働き方改革」です。日本が抱える問題の本質は働き方の「形」ではなく、働く「目的」そのものにあります。どれだけ働き方の「形」を変えても、これまでのように「修業」「自己実現」「利益」などを目的に働いていては、状況はよくなりません。働く目的を明確に「より高い付加価値を生み出し、より高い給料を稼ぐ」ことに置くべきです。

人口減少という劇的な変化にふさわしい、劇的な経済政策の転換が求められています。まず、日本型資本主義などといった妄想を一掃し、「生産性向上」を明確な目的に据えるべきなのです。

人口減少は経営者に改革を強いる

ここで、1つだけたしかなことがあります。人口が減るこれからの日本では、今までさまざまな屁理屈を言い、動かなかった経営者たちも、今度ばかりは動かざるをえなくなることです。人が減ってしまうので、今の仕組みを維持することは不可能です。彼らにも改革が強いられる時代が必ずやってきます。

私の目には、日本人は長期的な視野ではなく、短期的視点で行動することが多いように映ります。問題が起きてから事後対応することが多く、なぜその問題を予見できなかったのか、もしくはもっと早く対応しなかったのか、不思議に思うことが今までに何度もありました。

また、なかなか理屈や客観的データだけでは動かないのも日本の特徴です。不良債権が大きな問題になっていたときもそうでした。子供でもわかるデータを示して完ぺきな理屈で説明しても、「しょせんはデータにすぎない」などと言って、実施すべき金融危機対策を実行しませんでした。

本当に、最後の最後、動かざるをえなくなるまで動かない傾向が強いのです。歴史を振り返ると、日本では外部要因によって改革を強いられたことが多く、自ら改革することがまれなのは、事実として浮かび上がります。これもまた日本という国の特徴です。

このように考えると、今まさに起きている人口減少問題は、日本が変わる大きなきっかけとなるでしょう。もういい加減、動かざるをえません。長年議論されていた、やるべきことをやらなくてはいけないタイミングが迫っています。今回は、さすがに日本型資本主義などというごまかしは効きません。

自然に起こる改革を、国が邪魔しないことだけを祈ります。

第7章

企業が生産性を上げるための「5つのドライバー」と「12のステップ」

人口減少は企業にとって、文字どおりの死活問題です。経営戦略を間違えた企業は人を雇用できなくなり、人手不足による倒産や廃業が増える見通しです。

国策が、それに拍車をかける可能性もあります。国の借金、毎年1兆円ずつ増えている社会保障の問題を抱えている政府は、ますます企業を積極的に動かさないといけなくなります。企業は予想される国の政策にどう対応するかを考える必要があります。

その答えこそ、本書のメインテーマである「生産性向上」です。すべて、この一言に尽きます。

そこで第7章では、具体的にどう生産性を向上させるかを、英国政府が英国の中小企業のために発行しているマニュアルをもとに説明したいと思います。

日本人は世界一「お金にうるさく」ならねばならない

私はこの34年間、ずっと日本の生産性問題を研究してきました。さまざまな仮説を検証しては潰して、また仮説を立て検証する、その繰り返しをずっと続けてきました。そして、理屈をそぎ落としていった結果、ついに究極の結論が見えてきた気がします。それはこの鉄則です。

これからの日本人は、世界中でもっともお金にうるさくならなくてはいけません。それが、これから迎える超高齢化社会で社会保障制度を維持していくための最低条件です。

これからのリーダーたるものは、とにかく付加価値を求めて、日本人労働者に適正な給料を払えるだけ稼げる商品とサービスを開発することが使命として課されます。今までは、リーダーとして果たすべき社会への貢献は、人口の増加に応じて雇用を増やすことでしたが、これからの時代は雇用を増やすことではなく、給料を上げることが社会貢献となります。

極端な言い方をすれば、日本は世界一お金を稼ぐことにうるさい国になるくらいの覚悟が必要です。それができなければ、途上国に戻るか、社会保障制度をやめるかのいずれかの選択を迫られるようになります。

「こんなにモノが溢れている時代だし、お金はこれ以上いらないでしょう」という反論があると思いますが、そんな悠長なことを言っていると、ゆくゆくは医療も、長寿も年金も、すべてをあきらめることとなります。両立は不可能です。

「日本人は、仕事は修業の一種ととらえている。お金儲けが目的じゃない」と言われることが多いですが、私に言わせれば、それはただの「無責任でわがままな発言」でしかありません。修業したいならお茶でも習って、会社にいる間は稼ぐことに専念してもらいたいと心底思います。

「自分は好きなことをやりたい放題にやる。変な制限を設けるのはやめてくれ」と平気で主張してくる人に、こういう無責任なことを言う傾向が強いようです。こういう人間の主張は、すでに終わった「余裕のある時代」の名残です。私の経験上、40代後半以降にこういうタイプの人が増えるようです。特にお金に余裕がある人たちです。若い人はむしろ、あんなに安い給料のために、懸命に働かなければいけないことに納得していない人が大半です。

たしかに、私がゴールドマン・サックスに勤めていたとき、先ほどのような無責任なことを言っている人たちと、似た心境に囚われたことがありました。一定以上の収入をもらい続けていた結果、やる気がなくなり、向上心が薄れてしまったのです。そして、やり方を変えず適当にすごせばよいと感じるようにもなってしまいました。私だけではなく、私の部下たちも同じような心境になる人があらわれました。

そのとき、私は父親にどうしたらいいか聞きました。父は「今の時代の人は、結婚しないし、子供もつくらないことが多いから、刺激を求めて転職をするか、貯金を全部使って、なおかつ銀行から借りられる限界まで借金して、家を建てなさい」とアドバイスしてくれました。言われたまま家を購入すると、即座に仕事へのやる気が復活しました。

その後は、やる気がなくなっている部下を見つけると、家の購入や、派手な生活が好きな人と結婚するなど、お金のかかることを勧めました。すると彼らもやる気を取り戻し、仕事に情熱を燃やし始めたのです。

やはり社会に生きている以上、常に上を目指していないといけないとつくづく感じたものです。日本でこのような意識が希薄なのは、付加価値や生産性を意識せずに成長できてしまったことが理由だったと思います。

私が担当していた時代の銀行は、利益をそこまで気にしていなかったため、出世に必要なのは仕事の成果ではなく、上司への服従や人脈、内部の政局だったそうです。生産性が評価基準ではなかったからでしょう。

求められているのは差別化された商品の開発

日本はこれからも人口が減り続けるので、潜在的な需要が減っていきます。ですので、今までのように価格を下げて量を確保する方法は成立しません。薄利多売は成り立たないのです。人間が少なくなるので、その人たちにより多く売るだけではなく、商品の付加価値を高めて、より高く売ることが重要です。JR九州の高級列車「ななつ星in九州」や三菱地所が進めている丸の内の再開発などがいいお手本です。徹底的に市場分析をして、商品の多様化を図って、付加価値を高めることがますます重要になります。

今まで国内需要だけで十分だった日本企業は、人口が減って需要が減る分、輸出もどんどん増やすべきです。これは、「重要」というレベルをすでに超え、もうそれしか方法が残されていないという段階です。

加えて、高齢者に関連するビジネスの生産性を高めることは、非常に重要です。国によって抑えられている薬や介護などの価格を見直して生産性を高め、もっと世界に輸出できる産業に育成することは、一考の価値があります。

「人口減少時代の経営」にシフトせよ

先述したように、人口が増加している時期は、企業はコストを削減し、単価を下げるなどして拡大するマス市場を開拓し、雇用を増やすことが成功とされてきました。「経営」というより「管理」をきちんとやれば、会社は回っていました。

一方、人口が減少するこれからの時代は、同じ付加価値を生み出すのに、2人でやっていた仕事を1人でやらなくてはいけません。何をやめるかを検証し、少なくとも人口減少のペースが緩和されるまで継続するしか道はありません。人を雇いたいのであれば、その人がもらうべき給料をきちんと払えるよう、付加価値の高い商品やサービスに資源をシフトするために、付加価値の低い仕事をやめる必要があります。

経営者は人口減少時代に求められる経営術を認識する必要があります。国連の指摘にもあるように、経営者の教育が必要とされていますので、ここからは、生産性向上を果たすために必要な事柄を、基礎からご一緒に考えたいと思います。

生産性向上の「5つのドライバー」

生産性向上には5つの方法があると言われています。あらためて言うまでもない常識ばかりですが、ここでは原点に戻って再確認しておきましょう。

(1) 設備投資を含めた資本の増強

1人あたりの資本を増やすことによって、1人あたりの生産性を向上させることができます。資本増強はGDP向上にもっとも効果的な策です(相関係数は0・77)。先進国の戦後の経済成長は、50%以上が設備投資によるという分析もあります。

(2) 技術革新

新しいアイデアの導入に成功すること。これには新しい技術、商品、マーケティング、企業組織、人材の配分や働き方が含まれます。導入や実行を早めることや、導入の徹底を図るのも生産性向上を促す方法の1つです（相関係数0・56）。

（3）労働者のスキルアップ

経済の各分野における労働力の量（人間の数や労働時間を含む）と労働者の質を高めることです。設備投資と適切な労働力の組み合わせは、新しい組織や技術による生産性向上の効果を最大化するのに不可欠です（相関係数0・66）。

（4）新規参入

新しい企業の設立や既存企業の新規事業も、生産性を向上させる有効な手段です。新しい発想、新しい組織を使って、既存の技術や人材などの資源を、新しい、より生産性の高い形に組み直すことができます。新しい企業が既存企業のinstitutional rigidity（組織の硬直化）に改革を促す効果も大きいです（相関係数は非常に強い0・91）。

（5）競争

競争が存在することによって、もっとも優れた組織や技術に資源が集中するため、経済全体の生産性が上がります（一方、過剰競争になった場合、付加価値の基礎となる価格の競争になることもあるので、相関係数の結果はまちまち）。

いずれもわざわざ書く必要のない当たり前のことばかりで、新鮮味がないかもしれません。しかし、日本の生産性水準から判断して、これら当たり前のことができていない企業が、日本には多く存在することが容易に推察されます。その中には、日本型資本主義なる看板を盾に、昔からのやり方を続けて、発展と成長をともなう生産性向上を拒否し続けている業種・業態が多く存在します。私はこのような企業を「ゾンビ企業」ではなく「ちょんまげ企業」と呼んでいます。

いまだに現金取引しか決済手段がない業者、新しい業者の参入や新しい資源の組み合わせを拒否する企業など、枚挙にいとまがありませんが、やはり保守的で保身に走っているケースが多いと感じています。

生産性向上のための「12のステップ」

次に生産性を上げるために企業がやるべき、12のステップを紹介します。これも常識と言えば常識で、すでに実現できている企業も多いと思います。しかし、国全体の生産性の低迷を見る限り、まだまだ多くの経営者が理解していない可能性が高いので、今一度この常識を見返し、自らを省みていただく必要があります。

生産性向上とは、簡単に言えば同じ人数を使って付加価値の総額を増やすか、同じ付加価値をより少ない人数で確保することを意味します。今後、人口が減少する日本にとっては、両者をミックスした「より少ない人数でより多くの付加価値を生み出す」ことが重要になります。

(1) リーダーシップ

あらためて言うまでもありませんが、生産性向上にコミットし、それを実現する組織を築き上げることが、経営者のもっとも重要な任務です。生産性向上のための戦略をつくり、それを全社員にわかりやすく伝える。さらに生産性向上の実績が評価される組織をつくること、および戦略をつくるにあたって、一定のデータ分析と調査結果を使うことも重要です。

社員はその目的と持続的な生産性向上に対するコミットを理解する必要があります。

(2) 社員1人ひとりの協力を得る

通常、目的が大きければ大きいほど、また抽象的であればあるほど、個々の労働者のあげる成果に格差が生じます。それは、複雑な目標を個々の労働者がどの程度理解できているか、その理解度の違いが成果に反映するからです。

経営者は、大きな目標を設けつつ、それを実現するために各部門が達成すべき細かい目標を立てる必要があります。また、各部門では、1人ひとりの労働者に対して、その日1日にやるべき具体的で細かい目標に分けて伝え、実際の成果を評価します。

私がアナリストとして銀行を担当していたとき、経営企画部が独自に中期経営計画を立て、他部門に実現をゆだねている場面を何度も見ました。しかし、私がその仕事にかかわっていた17年間、目標が実現できた例には、ついに一度もお目にかかることはありませんでした。

このように日本では、経営計画が「絵に描いた餅」になるケースが多いようです。理由はさまざま考えられますが、経営者にやり遂げる気がなかったり、進捗に興味を持っていなかったりする例もあるようです。または経営企画部が独断で計画をつくるため、各部門の協力が得られないことも多いようです。

(3) 継続的な社員研修の徹底

人材が生産性向上のための重要な資源であることは、あえて言うまでもないでしょう。しかし、ここで言う社員研修の目的は、新しいアイデアの創出や技術の吸収、導入、徹底、問題解決、またその技術を使って最大限の成果を出すことです。

このような重要な役割を担うのは社内でも上級職の社員ですから、役職が上になればなるほど研修が多くなるはずです。日本の会社では役職が低い人の研修が多く、役職が高くなるにつれて研修が減ると聞いたことがありますが、確認できるデータがないので、これ以上の言及はできません。皆さんの会社はいかがでしょうか。

(4) 組織の変更

新しい技術ややり方を導入するたびに、その仕事をしている部門の再構築が必要かどうかを検証する必要があります。それまでの慣習が時代遅れになっていないか、頻繁に検証することが肝要です。

有名なトヨタのカイゼンは、これを実践している素晴らしい例です。一方で、第2章で指摘しましたが、銀行では明治時代のままの窓口業務がいまだに残っているように、日本では時代遅れの組織や部門が放置されたままになっている例が少なくありません。役所の仕事のやり方が最たる例でしょう。これも、日本で生産性向上が進まない大きな要因です。

（5）生産性向上のための新しい技術に投資

「少ない人数でより多く」生産するためには、新しい技術や機械に投資することが重要です。もちろん単純作業の機械化は、生産性向上策として昔から導入されていますが、サービス業でも、システムの開発や既存のＩＴソリューションの購入を積極的に行うことが重要です。また、導入時に、それらを使いこなすための研修と、効果を最大限に引き出すために必要な組織の再編も求められます。

日本では、システム導入の効果を最大限に引き出すには仕事の流れを変えたり、組織を変えたりすべきだったのに、それをしなかったためにそのシステムの効果を無にした例が多いようです。システムのコストがかかるだけで、生産性が上がるどころか、下がった例もあります。

日本の地方都市（たまに都心でも）では、いまだにクレジットカードが使えないことが多く、正直、驚かされます。カードに限らず、電子決済をいまだに導入していない企業は、脱税でも目論んでいるのではないかと疑ってかかる必要があると、真剣に思います。電子決済できないのは顧客の軽視という意味だけでなく、分析のためのデータもとれないという点で、その企業に大きなマイナスをもたらしているのです。

（6）生産性目標の設定と進捗

言うまでもありませんが、「生産性を向上させよう！」と声高に叫ぶだけでは、生産性が継続的に上がるはずはありません。

まず、今現在の生産性を測る尺度を決め、目的とする数値を設定する必要があります。それぞれの部門で働いている人には、目標も重要ですが現状を認識させることも重要です。

企業全体の生産性向上のために、他の部門の生産性向上の鍵を握るもっとも重要なプロセスや部門があるはずです。企業全体の生産性向上のためには、その分野やプロセスを特定し、その特定された分野の目標を総合的な視点から設定するべきです。

必要なのは持続性のある生産性向上ですので、当然ながら、利益だけを増やすための、ただのコスト削減キャンペーンではいけません。お客や協力業者なども含めて、企業の総合的な競争力、顧客満足度の向上、品質管理も含めた生産性目標が重要です。

繰り返します。今ここで論じているのは生産性の向上策です。短期的な利益追求ではありません。持続性のある生産性向上で必要なのは、付加価値の向上です。事業の総合的な価値を増やすことが重要なので、顧客満足を犠牲にしたりするような安易なものではありえません。

(7) セールスやマーケティングも巻き込むべき

海外でも国内でも、特に製造業の場合、エンジニアの意見が強く、生産性向上の目標を決めるときに、セールス部門やマーケティング部門の意見を軽視する傾向があります。しかし、改革は市場に一番近いところの意見を取り込むことが重要です。日本で「ガラパゴス現象」が起きやすいのは、市場の意見に耳を傾けないことに大きな原因があります。

(8) コアプロセスの改善

顧客から見て直接的な価値を感じない事務などの分野の無駄を削れば、もっとも効果を出しやすいと考えがちですが、主たるビジネスプロセスの継続的な改善のほうが効果はより大きくなります。

(9) Knowledge Management(知識管理)

よく言われることですが、実は実行されていないことが少なくありません。専門家、顧客、協力業者と頻繁に会って意見交換をし、また内部の各部署の関係者を集め、そこで得た知識を検証して、生産性向上に努めることが重要です。

(10) 生産性向上の進捗を徹底的に追求する

生産性を測るために、目標とする他社なども参考にしながら社内の目標を設定し、自社の生産性の実績を測るべきです。

(11) 効率よく実行する

生産性目標の責任者を分けておくことが必要な場合もあります。当然、ある部門の生産性目標達成に不可欠となる、他部門の生産性向上目標を特定し、実行させる必要があります。

(12) 報・連・相の徹底

情報共有の徹底を図ることも重要です。内部と外部の双方に対して、目標を達成するために必要な情報を伝える必要があります。当然、どのように情報を伝えるか、その方法についても工夫が必要です。何が必要な情報なのか、伝える人の感情や考え方、人となりを考慮して、適切な行動を誘導するよう情報提供を行うべきです。

経営者は肝を据えて「内敵」と戦え

人口が減少すると、人材が限られてきます。それを受けて経営者は改革を迫られますが、その改革に労働者が反発することも大いにありえます。その意味でも、これからの日本は経営者にとってアゲインストの風が吹く時代を迎えると心得ておくべきでしょう。

今までの日本は、人材という資源が増加し続け、さまざまなところで好循環が生まれやすい、明るい時代でした。既存事業の整理があっても、次から次へ新しい需要が増えていたので、大きな問題にはなりませんでした。

人口が減る中では、資源が減り、難しい判断を迫られます。当然、より大胆な決断が求められますので、反発もその分強くなるはずです。経営者と労働者の対立が激しくなることも予想されます。

一般的には、革新を嫌うのは組織の外の人間ではなく、内部の人間です。改革、革新は外敵によって頓挫させられるのではなく、内なる敵にやられることが多いのです。だからこそ経営者は肝を据え、対立も覚悟しておかなくてはいけません。段階的な調整では、難しくなる可能性が高いです。

「何をやめるか」が最優先課題

今までの日本では、新しい事業を始めたり新しいやり方を導入しても、既存の事業ややり方をそのまま存続させることが多くありました。人が溢れている時代には、その余裕があったのでしょう。

しかし、これからの日本にとって一番重要な仕事は、「何をやめるか」の選別と実行です。企業は労働人口の激減に向けて、これまで2人でやっていた作業を、1人だけでできるようにするにはどうしたらいいのか、機械化できないか、もしくはその仕事自体をなくせないかを検証する必要があります。

ネットを導入すればいいのに、いまだに紙ベースの役所の無駄な書類が典型例です。銀行通帳もそうです。ネットバンキングを導入したのに、いまだに通帳も残っています。

アナリストとして銀行を担当していたとき、銀行に通帳の話を聞いたことがあります。通帳は日本文化で、通帳を廃止したらお客様は納得しないと言われました。通帳に印字する機械の性能を誇る声も聞きました。

しかし、通帳は本当に全員に必要でしょうか。必要な人にだけ有料で配布し、印字するたびに手数料をいただくという方法も、検討の余地があるはずです。当然、やめるとなるとお客の再教育が必要になりますが、対応せざるをえなくなったら、人はしかたなく対応するものです。

労働市場はどんどんタイトになるので、生産性の低い企業から、生産性の高い企業に人材を回すことが重要になります。日本ではかつて終身雇用が当たり前だったこともあり、人材の流動化が著しく遅れていますが、労働者を生産性の低い企業から解放してあげる仕組みと法改正の必要があるのです。

経営者は付加価値の向上にとにかく専念するべきです。今ある資源を使って、より付加価値の高い、高い価格で売れる、生産性の高い商品やサービスをつくることが求められているのです。

観光産業はどうやって生産性を上げたのか

日本では今、観光戦略の一環として、文化財行政も国立公園の行政も大きく変わろうとしています。

今ここで観光業を例に挙げるのは、決して私が日本の観光立国戦略にかかわっていて、事情を詳しく知っているからだけではありません。生産性向上政策の成功例だからです。

観光産業は、市場規模が世界のＧＤＰの１割を占める第３の基幹産業です。これまで日本は、国際観光市場において大いに後れをとっていたのですが、ここ数年、日本でも海外からの観光客誘致に熱心に取り組んでいるのは、皆さんもご存じのとおりです。今や、観光業は日本にとってかけがえのない重要な産業になりつつあるのです。

特に、インバウンドはもともとあった需要ではありません。観光産業の発展は既存の資源をより有効に使うという意味で、日本の生産性向上に大きく貢献しています。新しい輸出産業を開拓した、生産性向上の最たる成功例です。

日本には素晴らしい文化財がたくさんあります。これらは素晴らしい観光資源です。日本だけでなく、世界の宝でもあります。

しかし、私が２０１５年に算出した主要文化財の平均拝観料は、たったの５９７円でした。同じ時期、世界の平均は１８９３円でした。これも、高品質・低価格の一環だと言われるかもしれませんが、それは明らかに違います。

実は日本の文化財の拝観料が低価格なのは、付加価値が低いからです。読んで字のごとく、付加されている価値がほとんどないのです。私が特別顧問をさせていただいている二条城でも、以前はお城ができた背景やその後のストーリーの解説がほとんどなく、訪れるお客さん自身が自分で勉強するしかありませんでした。

ガイドをする人もいなければ、座る場所もない、提供されていた食べ物や飲み物も十分ではなく、イベントもあまり行われていませんでした。また、御殿の中には調度品もなく、ただの空っぽの空間で、そのよさがまったく活かされていませんでした。

建物としての元の価値があるだけで、付加価値はゼロです。これでは安い入場料しかとれなくても当然です。

二条城は建物が素晴らしいだけではなく、誰もが感激するストーリーがあります。美しいお庭に座って、弁当を食べるだけでも贅沢な時間をすごせます。しかし、それらの資産がまったく活かされていなかったのです。

国立公園も同じです。海沿いであれば、バナナボート、スキューバダイビングなどのマリンスポーツや釣りを楽しめるようにしたり、ビーチハウスなどを付加すれば、付加価値を創出できます。

景勝地は、何もしなければ単にきれいな景色を楽しむ場所でしかありませんが、カフェやレストラン、ホテルをつくれば価値を高めることができます。

川は、そのままでは高いところから低いところへ水を運ぶただの溝ですが、釣りやラフティング、川下りなどを楽しめるようにすれば価値を高めることができます。

ただの岩でしかない絶壁も、マウンテンクライミングやガイドつきのハイキングなどが楽しめるようになれば、観光資源として付加価値が高まり、生産性が向上します。

最近よく言われるアクティビティとは、お金にならない自然や文化財などをお金に変えるための手段、付加価値の創出手段です。

少々話がずれますが、何十年か前、ある銀行に、鉄道の駅にＡＴＭを設置するよう提案したことがありました。しかし、ニーズの有無も確認せずに、問答無用で拒否されてしまいました。

たしかに昔は、駅はただ単に電車の乗り降りをする場所でしかありませんでしたが、今ではさまざまな商業施設ができるなど、高度に利用されて付加価値を生み出しています。日本では、こういうポテンシャルの高い資源が眠っているのに、それらを見逃しているケースが非常に多いのです。

常識に囚われない「商品バリエーション」を取り入れろ

２０１６年に発表された分析によると、各国の生産性の違いはつくっている商品の多様性によって説明ができるといいます。

世界の輸出商品を５０４６のカテゴリに分類すると、もっとも多くのカテゴリの商品を生産しているのは米国で、５０３６カテゴリだったそうです。一方、日本は第９位の４８８１カテゴ

図表**7-1**　**各国の輸出品目数**（2008年）

順位	国名	輸出品目数
1	米国	5,036
2	ドイツ	5,032
3	フランス	5,018
4	英国	5,018
5	イタリア	4,996
6	中国	4,992
7	オランダ	4,991
8	スペイン	4,982
9	**日本**	**4,881**
10	オーストリア	4,848

（出所）Sabiou Inoua, A Simple Measure of Economic Complexity, 2016

りでした（図表7−1）。その分析によると、商品カテゴリの多様性と生産性の間に、80％もの相関係数が認められるとのことでした。非常に興味深い分析です。

ここからは、商品のバリエーションが多いほど生産性が高まるという仮説が導かれます。

正直に言って、日本は商品のバリエーションに欠けています。特に価格のバリエーションは、本当に少ないです。

身近なところで言えば、たとえば駅弁です。なぜ駅弁はほとんど1000円前後なのでしょうか。おそらく調査もせず、「1000円を超える高い駅弁は売れない」と勝手に思い込んで決めつけた結果だと思います。

サンドイッチは海外ではとんでもない数の

種類がありますが、日本はものすごく限られています。いいかげん飽きました。日本人の舌に合わせると、バリエーションが増やせないとでもいうのでしょうか。いずれにせよ、きちんとした根拠があるとは思えません。

値段が高くても、おいしければ受け入れられるものはいくらでもあります。事実、はじめは高くて売れないと言われた商品が、蓋を開けたらヒット商品になったケースも多々あります。商品のバリエーションの少なさは、供給側の都合や生産性向上にコミットする気のなさのあらわれでしょう。

スターバックスでは、ただのコーヒーをあんなに高く売っています。コーヒーに付加価値をつけた素晴らしい成功例です。

日本企業は大きく拡大してきたマス市場を重視してきた結果、商品の価格の多様性とそれを可能にする商品の多様性を重視してきませんでした。企業にとってはそのほうが楽ですし、消費者はあるものから選ぶしかないため、多様性がなくても企業は困らなかったのです。しかし、消費者が減ると、消費を刺激するために価格設定を階段のように多様化することで、生産性を上げる仕組みがより重要となります。

ホテル業界がわかりやすい例です。安いホテルはいくらでもありますが、3つ星、4つ星、5つ星ホテルはきわめて少ないです。特に5つ星ホテルは、日本には28軒しかありません。米

図表7–2　国別「5つ星ホテル」の数

国名	「5つ星ホテル」数	国名	「5つ星ホテル」数
米国	755	オーストラリア	62
イタリア	176	インドネシア	57
中国	132	トルコ	55
英国	129	モルジブ	36
フランス	125	南アフリカ	35
タイ	110	アイルランド	32
メキシコ	93	ポルトガル	29
インド	84	**日本**	**28**
スペイン	84	メキシコ	27
カナダ	78	シンガポール	27
アラブ首長国連邦	78	ニュージーランド	26
スイス	71	ベトナム	26
ギリシャ	68	オーストリア	24
ドイツ	64		

（出所）Five Star Allianceのデータ（2016年）より筆者作成

国は755軒です。タイでも110軒、ベトナムでさえ26軒あります（図表7－2）。日本の宿泊業の生産性と所得が著しく低い理由の1つがここにあります。

消費者が減る時代に生産性の高い仕組みをつくるには、商品の差別化によって、1人ひとりの趣味と懐具合に合わせた商品ラインアップをそろえることが求められます。

自動車で言えば、日本のメーカーは軽自動車や安い小型車が得意ですが、トヨタは高級車のニーズを早くから嗅ぎ取り、レクサスブランドを展開して成功を収めています。さすがはトヨタです。

文化財もそういう意味で、これからユニークベニューに開放したり、解説、ガイド、ガイドブック、音声ガイド、ライトアップ、コンサート、カフェ、宿泊などを充実させたりして、活用と保存の両立を図っていくべきです。

ただし、いくら努力しても、入場料を上げなければ意味がありませんし、長続きしません。

「ちょんまげ企業」は淘汰されていく

企業は、マーケットを徹底的に調査・分析して、商品の多様性と価格の多様性を追求するべきです。そうすることで生産性を上げれば、若い労働者に魅力を感じてもらえ、生き残れるでしょう。

生産性を高めて生き残るために、組織を変革し、部門間の連携を常に見直すことも重要です。

もう1つ大切なのは、企業間の統合です。日本は企業の数が多すぎます。一企業として、自社がこれからの日本経済と世界経済の中で生き残るに十分な規模があるかどうかを検討することも価値があります。十分でないと判断したら、合併も検討すべきです。統合する企業は生き残れるでしょうが、「ちょんまげ企業」は淘汰されていくでしょう。調査・分析能力が何よりも重要になります。

人口増加によって生産性向上を考えずに済んだ日本の経済システムは、人口減少によって崩壊しつつあります。

人口成長率が低下しているからこそ、生産性向上の重要性がますます高まっていることは、世界中が理解しています。中でも、その重要性がもっとも高いのは極端に人口が減る日本です。

人材とインフラの基礎はできているのですから、勝ち抜けないはずはありません。問題は、意識とやる気だけです。

おわりに

日本政府は最近になって、急に生産性改革を訴え始めました。

現状の改革は、主に企業の設備投資を促し、ロボットやＡＩを活用してイノベーションを起こすことによって、人口減少で生じるさまざまな問題に対処しようとしているように感じます。それはそれで必要ですが、あくまでも供給側の対策であり、十分ではありません。人手不足への対策に止まっているからです。

「異次元の金融緩和」ですら、エコノミストが予想していた効果が出ていないことからもわかるように、従来通りの経済対策で解決するほど、日本経済の問題は簡単ではありません。経済学の教科書に書かれている量的緩和政策の効果が出ないのは、日本が直面している需要者の減少という異常事態を想定していないからです。日本は「経済の大前提」が諸外国とまったく違うので、海外のように教科書通りの効果が出ないのは当然です。

本来であれば20年ぐらい前に、国内外からもっとも優れた歴史・経済・経営の各分野の学者を集めて、約650年ぶりに起きている経済危機の構造を研究してもらい、どの先進国も直面したことのない異常事態に対応する経済政策を立案すべきでした。

そうすれば、ある程度の猶予をもって、ゆっくりと対策を実施することも可能でした。必然的に起こる社会の変化も、緩やかに迎えられたはずです。しかし、時すでに遅し。人口減少はすでに始まってしまいました。猶予期間はもうありません。即刻、対応しなければなりません。

政府は以下の政策を今すぐにでも実施すべきです。

(1) 国家公務員の新卒採用者のうち、半分を女性にする

国は女性活躍を積極的に求めていく姿勢を示していますが、民間企業に女性の活躍の場を求める前に、まず国自身が、中央官庁も含めて女性の採用方針を改め、範を示すべきです。

(2) 企業の統合を促進して、デフレの根源を断ち切る

イノベーションの喚起は大切ですが、現状では企業が多すぎるので、企業の統合促進政策が急務です。企業数が過剰なままだと、短期的にはデフレを脱却できても、またすぐにデフレ圧

力が復活してしまいます。

（3）生産性の低い企業を守るべきではない

人口が減少すると、生産性の低い企業には日本人労働者が集まらなくなり、これらの企業は次第になくなります。生産性の低い企業の存在は、ワーキングプアの増加、子供の貧困、税収の減少の根源です。政府は生産性の低い企業が淘汰されるのを邪魔すべきではありません。特に、生産性の低い企業を延命させることにもなりかねないので、低い賃金で働く移民を多く受け入れるべきではありません。

（4）最低賃金を段階的に引き上げる

日本の生産性問題の根源の1つは、最低賃金が低すぎることです。実は先進国の最低賃金は、ほぼ同じ水準へと収斂しています。日本の人材の質を考えれば、日本政府は段階的に先進国並みの水準まで引き上げるべきです。

最低賃金の引き上げについては、企業やエコノミストから「失業者が増える」と反論の声が上がることが予想されます。しかし、日本では人手不足が始まっていますし、これからは人口そのものが減るので、そのような心配は無用です。
海外でも同じような反対意見は数多くありました。しかし、欧州各国では最低賃金を段階的に引き上げて、今では日本より相当高くなっていますが、失業率は言われるようには上がりませんでした。一方、生産性は上がっています。欧州でできることが、世界第4位の人材に恵まれている日本でできない理由は一切ありません。

経済危機が目の前に迫っているというのに、きちんとしたデータを基にした分析もせずに、欧米型資本主義の終焉などといった、非現実かつ非建設的な感情論にひたるのはいいかげんやめてほしいと切に願います。

物事の本質は、シンプルなことが多い

本書の分析は、私が34年間かけて日本経済を研究してきた結果です。ページ数の関係で、この本の結論の裏にある研究のすべてをご紹介することはできません。34年間の研究をそぎ落として、そぎ落として辿り着いた結論ですので、日本の人口減少への対策としては簡単すぎるものに見えるかもしれません。しかし、多くの問題は、最初は難しくて複雑に見えても、分析を

進めるにつれて、本質が見えてきます。その結果、研ぎ澄まされた分析は、意外に簡単に見えるようになります。

シンプルすぎるからと否定する前に、2つだけ考えていただきたいことがあります。

1つ目。

不良債権の問題が顕在化した時期に、私は「不良債権の根源は土地担保だから、債権を放棄して、担保不動産を流動化すべき」と指摘しました。そのときにも「問題はそんなに単純ではない」と頭ごなしに反論されました。しかし、最終的に債権放棄をし、不動産を流動化させた結果、誰も予想していなかった3年間という短期間で金融危機を脱却しました。

1998年にも、長い分析を行った結果、「かつて21行あった日本の主要銀行は2〜4行しか必要ない」というレポートをまとめました。このレポートも、突き詰めるとたった10行で説明できるほどシンプルなものでした。

絶対にありえない、そんなシンプルな理屈は絶対におかしいと言われましたが、銀行の統合が進み、3つのメガバンクに集約されました。もし3つに集約していなければ、今も生き残れている銀行はほとんどなかったと私は考えています。

もう1つ。

私は、大学の大先輩でもある英国の哲学者オッカムが唱えた「オッカムの剃刀」を大切にしています。「物事を説明する際には、必要以上の仮定を置くべきではない」という教えです。多くの日本人学者は、複雑すぎる時勢分析は得意ですが、知識の自慢に終始しており、意味のある結論になっていないことが多いと感じます。もっと「オッカムの剃刀」に学ぶべきではないでしょうか。

同じような教えは、千利休のお言葉にもあります。

利休が弟子に「茶の湯の真髄はなんですか」と問われたときの問答が、以下のように今に伝わっています（以下の答えを「利休七則」と言います）。

「茶は服の良き様に点《た》て、炭は湯の沸く様に置き、冬は暖かに、夏は涼しく、花は野の花の様に生け、刻限は早目に、降らずとも傘の用意、相客に心せよ」

「師匠様、それくらいは存じています」

「もしそれが十分にできましたら、私はあなたのお弟子になりましょう」

物事の本質は案外シンプルであり、当たり前のことの実行こそがもっとも難しいという利休の教えです。

日本では、望むと望まざるとにかかわらず、人口減少が改革を起こします。改革の時代を生き抜くためにどうすればいいか、それが本書のテーマでした。第28位に低迷している生産性、世界最悪の国の財政状況。これらの根源である非現実的で感覚的な「日本型資本主義」という妄想を改め、世界第4位の人材を武器にして、他の先進国でもやっていることを淡々とやれば、昔のように他の先進国がうらやむ素晴らしい経済を取り戻せます。

すべては貧困に苦しんでいる子供たちを救うために。今こそ日本人が立ち上がることを、信じています。

デービッド・アトキンソン

2018年1月

【著者紹介】
デービッド・アトキンソン
小西美術工藝社代表取締役社長。三田証券社外取締役。元ゴールドマン・サックス金融調査室長。裏千家茶名「宗真」拝受。1965年イギリス生まれ。オックスフォード大学「日本学」専攻。1992年にゴールドマン・サックス入社。日本の不良債権の実態を暴くレポートを発表し、注目を集める。2006年にpartner（共同出資者）となるが、マネーゲームを達観するに至り2007年に退社。2009年、創立300年余りの国宝・重要文化財の補修を手掛ける小西美術工藝社に入社、2011年に同社会長兼社長に就任。日本の伝統文化を守りつつ、旧習の縮図である伝統文化財をめぐる行政や業界への提言を続ける。2015年から対外経済政策研究会委員、2016年から明日の日本を支える観光ビジョン構想会議委員、2017年から日本政府観光局特別顧問などを務める。2016年に財界「経営者賞」、2017年に「日英協会賞」受賞。『デービッド・アトキンソン 新・観光立国論』（山本七平賞、不動産協会賞受賞）『国宝消滅』『デービッド・アトキンソン 新・所得倍増論』『世界一訪れたい日本のつくりかた』（いずれも東洋経済新報社）、『イギリス人アナリスト日本の国宝を守る』（講談社+α新書）など著書多数。

デービッド・アトキンソン　新・生産性立国論
人口減少で「経済の常識」が根本から変わった

2018年3月8日発行

著　者――デービッド・アトキンソン
発行者――駒橋憲一
発行所――東洋経済新報社
〒103-8345　東京都中央区日本橋本石町 1-2-1
電話＝東洋経済コールセンター　03(5605)7021
http://toyokeizai.net/

DTP…………アイランドコレクション
装　丁…………石間　淳
印刷・製本……図書印刷
編集協力………小関敦之
編集担当………桑原哲也

ISBN 978-4-492-39640-7